世界の夢の名建築

［スイス編］

NEW SWISS ARCHITECTURE

著
マヤ・ブルク・フォン・グラエベニッツ
Maya Birke Von Graevenitz

ナタリー・ヘルシュドルファー
Nathalie Herschdorfer

CONTENTS

004.0 田園地帯

005.0 郊外

006.0 都市

PREFACE:PHOTOARCHITECTONICS
序文：建築写真

Nathalie Herschdorfer
ナタリー・ヘルシュドルファー

本書に掲載されている写真は、代表的なスイスの建築物である。いずれもこの10年間に建てられたもので、撮影したのは40名の写真家だ。写真という記録技術は、発明されてから今日まで、建築を格好の被写体としてきた。写真は、対象の細部まで高精度に写し出し、さほど時間をかけずにできる記録方法のため、登場するやたちまち脚光を浴びるようになった。写真は、あるがままの姿を視覚的に記録する技術として、古代建築に関心のある考古学者、歴史学者、愛好家にとって重宝される手段となった。彼らは写真の明確で、鮮明で、緻密な表現を高く評価し、一方写真家は自分が観察したものを写真によって表現し誇張することを覚えていった。

実際、私たちの建築についての知識はおおよそ写真によるものだ。完成した建物を実際に見に行ける人はほんの一握りにすぎないため、写真から訴えてくるものが、建物の第一印象になる。だが、写真には写真家という一個人の極めて主観的な意図や思いが反映されているということを忘れてはならない。たとえ写真家が人から依頼され、何らかのガイドラインに従って撮影したとしても、写真には撮影者の思いが反映されている。

建築家であり評論家のハリー・スチュアート・グッドハート・レンデルは、「写真はその建物が現存する（または以前から存在している）ことを証明しており、図面はその建物が計画されていることのみを証明している」と述べている※。つまり、建築写真家の使命は、写真がなければ仮想上の存在にすぎない建築物に現実性を与えることである。19世紀以降、建築家は、写真を利用することで自分たちの作品を人々に知ってもらい、画像の強みによって人々の知覚を導くことができると考えた。建築写真を撮影する際のよく知られているコツは、最適な撮影アングルを選択し、建設が終了したと思われるまさにその瞬間——内装と外装は完了しているが、まだ建物が使われていない瞬間——を狙うことである。ル・コルビュジエが写真家ルシアン・エルヴェに言った言葉を思い出してほしい。建築写真家は、できるだけ現実に忠実で、しかも建物に最も好ましい光があたるように写真を撮らなければならない。

フィリップ・シェーラーは、“Bildbauten（絵画建築）”シリーズ（右頁）で、様々な疑問を抱かせる不思議な建物の画像を提示している。これは竣工写真のように作ったものを撮影したのだろうか、それとも奇妙なものを見つけたから撮影したのだろうか。現実離れした印象の現代建築にカテゴライズされるものだろうか、もしくは未来の建物を意識したものだろうか。建築写真の正当性と信憑性を問い、見せかけと本質、真実と偽りの関係について問う画像と言える。写真のなかのイメージと実際の建物との間には常に緊張感がある。この写真は、地理的記録、建築資料、芸術的創造のどれに当たるのだろう。シェーラーは架空の建造物を作っているが、本書に取り上げたプロジェクトを見ていくと、建築家も、現在の技術と材料で、極めて自由に設計に取り組んでいる。そうすることで、現実と虚構の境界を曖昧にしている。画像によるイメージの問題ではなく、本書で紹介するプロジェクトの中にも、この曖昧さを利用しているものがいくつかある。

写真は、固定されたアングルであることや、部分を切り取ることで、建築に影響を与えてきた。20世紀になると、建築家はさらに写真を活用するようになり、現実の建物に足を運んでもらうよりも建築写真を利用することが多くなっていった。この数十年は、3Dモデリングが近代建築に影響を及ぼしている。3Dモデリングは当初、新しくできた表現手段という認識であったが、今では現実のプロジェクトを開発するための手段となっている。今日多くの建築家が、コンピューターで生成した画像をそのまま建物に移し替えようとしている。3Dモデリングでディテールを抽象化する技術にもはや限界はなく、理想の美的感覚だとみなされている。写真は長い間現実を擬態化してきたが、今日では現実が画像と同化したり、画像から現実が作られたりしている。本書の建築プロジェクトは実際に建築されているが、建築写真の歴史をひもとくと、ある普遍の原理が今なお存在している。カメラのレンズを通すと、建物はアイコンとして力を得るのだ。

※出典：Robert Elwall, Building with Light: The International History of Architectural Photography, Merrell. London and New York. 2004.p.129

右／フィリップ・シェーラーの“Bildbauten”シリーズ（2007〜2009年）。

INTRODUCTION
はじめに

Hubertus Adam
フベルトゥス・アダム

スイス建築はこの何十年来、世界的に高い評価を受けている。現在50代から60代前半の多くの建築家は、後期近代批判のなかで育った。隣接諸国で起こったポストモダニズムの風潮は、1970年代にティチーノ州で始まり、1980年にはバーゼルに達した。1990年代には建築の中心がグラウビュンデン州に移り、地域の開発計画機関が組織する厳格なコンペによって、公共建築の設計水準が高くなり、その後民間の水準も高くなっていった。

2000年頃から、特定の1つの州がスイス建築のリーダーシップをとるのではなく、特定の建築事務所が主導するようになった。シャランスにあるシンガーソングライター、リナルド・バルディルのアトリエ、あるいは篠原一男の建築に着想を得たラントクアルのプランタホフ農業学校の講堂は、グラウビュンデン州のヴァレリオ・オルジアティの最近の作品であるが、他のどの地域にあってもおかしくない。同様に、クリスチャン・ケレツによるチューリッヒのロイチェンバッハの校舎は、「典型的なチューリッヒ建築」とは言えない。近年、スイス建築が意味を奪われつつある中で、ケレツは新しいモデルを提案してはいないが、急進的であると同時に直接的な説得力のあるプロジェクトを通してこの傾向に何とか歯止めをかけている。そして、建築の訓練とともに伝統的な建築ギルドがスイス建築全体を高水準に保っている。

地域建築の伝統は今もなお健在で、スイス全域の建築の質の高さに表れている。実際に、辺境の町にさえ価値のある建物が存在している。評価の高い職業訓練制度が確立されており、実践的な知識、技能、行動規範が守られ、さらに現場監督やマスター・ビルダーの専門学校によって支えられてきた。今でも建築事務所で働く製図工をよく見かけるが、かなりの数の製図工が最終的に応用科学の大学、あるいはスイス連邦工科大学のETHチューリッヒ校やEPFLローザンヌ校に進学して建築学を学んでいる。1996年以降はスイスイタリア大学（ルガーノ大学）でも建築を学ぶことができるようになった。この大学はマリオ・ボッタの個人的献身と政治的支援によって国際的に名声を博している。

20世紀初頭から、シンプルで控えめな建築というテーマがスイス建築を特徴づけてきた。1980年代にドイツ語圏スイスで、後期近代の厳格さに対する批判が高まる中、ミロスラフ・シックが控えめな建築というテーマを再び持ち出した。実際の建築では様々な解釈が生まれたが、「アナログ建築」理論の重要性は失われず、スイスの建築業界に今日まで浸透している。2009年にゴットハルト峠にオープンしたザンクト・ゴットハルトの宿泊所は、アナログ建築の流れが続いていることを示す例である。このミラー&マランタの提案で、古い宿泊所を、既存建物と新築部分がつながった形に置き換えるというものであり、「詩的リアリズム」の流れも汲んでいる。ジョン・A・カミナダとペーター・メルクリの作品では、アナログ建築の伝統は別の道を歩んでいる。カミナダは1990年代にグラウビュンデン州のフリン村の改修で知られるようになった。この改修では伝統的な建築技術を新たなものにしている。古い工法に対する彼のアプローチを示す最近の例の1つに、ロイスデルタの監視塔がある。ペーター・メルクリの作品は、詩的であると同時に厳格なラインで形作られ、アナログ建築の伝統から袂を分かっている。メルクリは、散文のような合理性に対してポエティックな美で応答した。ゾロトゥルンのシンセス社ビルのプロジェクトでも、ファサードのフレームワークがもたらす可能性について、研究を続けていた。他の建築家の作品と同じように、シンセス社のビルでも1960年代のコンクリートを用いたブルータリズムが重大なインスピレーション源となっている。

左／ルイジ・スノッツィの設計によって1980年代に再開発されたベリンツォーナのモンテ・カラッソ・プロジェクトは、建築的、地域的、政治的総合計画のモデルである。
スイスは何世紀にもわたって農村文化が優勢であったが、現在は都市の重要度が増している。近年は、ジュネーブ、ツーク、バーゼル、チューリッヒなどの都市で大規模な都市開発が始まっている。チューリッヒのヨーロッパアレー周辺の新しいビルは、どれも単調な直交デザインのファサードで、経済的な利益を優先する事業では、建築への一定のエネルギーは失われる。

バーゼルの有名なプロジェクトといえば、製薬会社のノバルティスとロシュのキャンパスである。ノバルティス・キャンパスは、スイスの建築家たちが国際的に有名な建築家と肩を並べて設計した。ヘルツォーク&ド・ムーロンが設計したスイス最高層のロシュ本社ビルが最近完成したが、将来、このビルの周りをさらに高層のビルが取り囲むことになるだろう。ヘルツォーク&ド・ムーロンの建築事務所は、2000年にロンドンのテート・モダンのオープンで世界的な注目を集め、その後も安定した成長を遂げ、現在400人のスタッフを抱えている。スタッフが国際的で、活動の場が全世界に及ぶため、長い間、スイスの事務所だと知られていなかった。今では、ヘルツォーク&ド・ムーロンがトレンドを生み出し、若いスイスの建築家がそれに従うという流れができている。設計プロセスで芸術家とコラボし、装飾品をテーマにし、建築を自然にリンクさせ、ヴァイル・アム・ラインのヴィトラハウスのように一見ランダムにボリュームを積み重ねるのが流行となっている。

スイスの若手建築家は、多くの場合一流の建築事務所で修業し、実験し、模倣し、国際的な作品を参考にし、それをスイスの背景に合うように移し替え、独立に野心を燃やしている。そういった中で、彼らは小規模ではあるが卓越したプロジェクトを創造している。その1つがジュネーブに拠点を置くMade Inが手掛けたヴィラ・シャルドンヌである。バーゼルやローザンヌの美術館と同じように、これもコンペに基本構想が提出された作品で、現在のスイスで最も卓越した建築作品の1つとなっている。

最も若いスイスの建築家グループの、前の世代との違いは、多くの仲間が国際的なネットワークを組んで協力し合っている点である。2つ例を挙げると、バーゼルに拠点を置くスタジオ、HHFアーキテクツとクリスト・アンド・ガンテンバインである。彼らはアレハンドロ・アラヴェナ、タチアナ・ビルバオ、アイ・ウェイウェイといった国際的な建築家と組んで、メキシコのハリスコ州の巡礼路に沿って「architecturalizing」した。巡礼路に沿って建てられた建築物は、デイヴィッド・チッパーフィールドが主事を務めた2012年ヴェネチア・ビエンナーレ建築展に参加している。

ズントーの音楽的だが穏やかなハノーバー万博のスイスパビリオンから10年後、2010年の上海万博のスイスパビリオンでは、ブフナー・ブリュンドラーが大胆なデザインとメッセージの伝達に基づく手法を披露した。それは、中国側の期待に沿うものだったと思われるが、建築に対する姿勢の変化の表れでもあった。すなわち、カルビン主義から離れ、スイス色が薄れ、世界的な規定に向けた一歩だったのだ。

親世代からの離脱を目指した前世代のスイス建築家とは違って、現在40代のスイスの若手建築家は、建築業界の変化に関する別の問題に直面している。この国の建築事務所は、コンペで勝つことでキャリアをスタートする機会が世界のどの国よりも多いが、このコンペによって、機会を平等にする効果も生まれているのだ。

将来に向けて多くの問いが残っている。ビジョンと実際の建築との関係とは何か。若手建築家が活躍しているのはどの分野か。不足しているのはどこか。開発の可能性があるのはどこか。スイスの様々なトレンド、意匠や構造の「流派」に対して若い世代はどのように反応しているか。現代のスイス建築を世界に認めさせた建築家のロールモデルは何を意味するのか。インスピレーションの源だろうか、それとも目の上のこぶだろうか。グローバル化と国際化の時代に、スイスでは伝統と革新が新たな形で結びついているだろうか。

都市化と都市のスプロール現象に対して建築はいかに対処すべきか。人口の過密化とスプロール現象。スイスにおいても結論の見えない課題だ。

右／現在スイス人口の84%が、市または都市の特性を持つ町村に住んでおり、スイスの建築家は、都市化と過密化の問題に対処することがますます求められている。

001

ALPINE

アルプス

左／伝統的なエンガディン地方の村を見渡すリビングからの眺望。
中／別荘の重量感のあるコンクリートの壁は、この地方の石造の家へのオマージュが込められている。
右／建物正面に窓がなく、重厚感のある１階部分とそこに設えられた木製の玄関扉は、この地域ならではの建築にインスピレーションを得ている。
次頁／屋内には合板が張られ、暖かで心地よい生活空間となっている。

001.1 | HOUSE PRESENHUBER プレゼンフーバー邸 | VNÀ ヴナ | P226

you're freezing

001.2 | OLD HOSPICE 古い宿泊所 | ST GOTTHARD ザンクト・ゴットハルト | P22

左・中／屋内は、外壁とは対照的に、滑らかな木で覆われている。

右／積雪対策のために角度のついた屋根が、周囲の峰と呼応している。

前頁／海抜2,000mを超える場所にあり、いにしえから旅人、巡礼者、商人の宿泊所となってきた。戦争や火事、土砂崩れによって壊れては建て直されたこの建物。屋根は鉛で新たに葺き直し、階数も増やした。

001.3 | HOUSE IN CHARRAT シャラの家 | CHARRAT シャラ | P229

前頁／既存部分は貯蔵室の石壁と床のみを残して、伝統的な石造の家から全面的に改築されている。
左・中／部屋をできるだけ広くするために、廊下はなく、外壁に沿って移動空間が設けられている。
右／石の素朴な土台の上には、以前の切妻屋根に代わって、淡色のコンクリートの塊が載せられ、そこが主要な生活空間となる。切り子面の幾何学的な壁は、ピクチャーウィンドウに向かって内側に切り込まれている。

人が道路を作ったからこそランドスケープは存在している。
道路・橋・宿舎・ホテルがなければ人が集まることはなく、したがってランドスケープもない。
ゆえにインフラストラクチャーは、ランドスケープが存在するための条件の１つである。

Clavienrossier

001.4 | VILLA VALS ヴィラ・ヴァルス | VALS ヴァルス | P230

HiT

前頁／山腹に位置する別荘。
左／ヴァルスの伝統を生かした家。ファサードは、地元の珪岩でできている。この集落では屋根にも使われている岩石だ。
中／近くの木の小屋から、コンクリートの地下トンネルを通ってヴィラに入る。
右／内装は、インダストリアルデザイン、ダッチデザイン、この地域特有のデザインをうまく取り入れている。
次頁／風景に溶け込むテラスからは、強風にさらされることなく溪谷を見渡せる。

山は今、消費材とみなされている。巨大なジムのようなものだ。
そこでしか得られないプランがあることが重要だ。
そうでなければ、単調で、飽和状態の後に一過性の流行りで終わってしまう。

クリスティアン・ミュラー

dutchtub

001.5 | CARMENNA CHAIRLIFT STATIONS カルメナ・スキーリフト・ステーション | AROSA アローザ | P232

左／下駅、中間駅、上駅の各駅はこの３つで呼応し合う建造物であるとともに、スキーリフト設備の技術的要件も満たしている。
中・右／テントの形をした鉄骨構造の傾斜した屋根は、山岳地形に継ぎ目なく溶け込んでいる。内側は木の厚板で覆われ、それぞれ色が異なっている。
前頁／鮮やかな色のスキーリフト・ステーションが、青白い雪景色とコントラストをなしている。

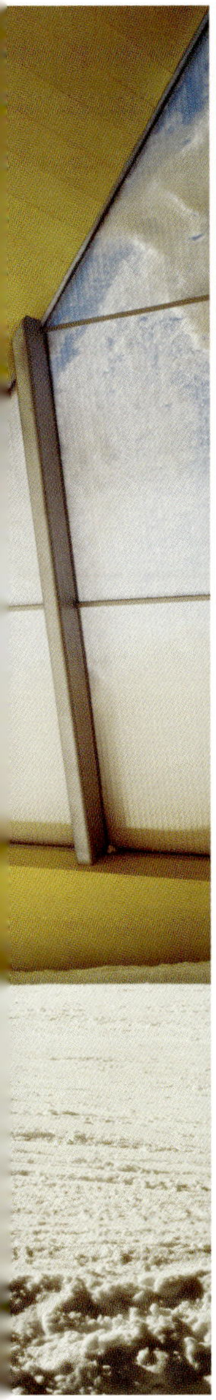

左上／古い丸太が、新しいコンクリートの外壁の型枠として使われた。
左下／周囲の森を望むダイニングの低い窓。
中／地階では、窓と岩壁の間に光が差し込む。
右／隠れ家のような整然とした生活空間に天窓からほのかな光が差し込み、
壁にはめ込まれた暖炉が、コンクリートに覆われた空間の印象を和らげている。

地域のアイデンティティーは、特に農村の建築に色濃く表れる。
昔ながらのやり方は、建設費用を節約し、地元の材料を使用し、地域の特性を考慮しているため、地球にやさしい建築方法の１つとなっている。
地域のアイデンティティーと地球にやさしい建築がその土地特有の建築を通して調和している。

サヴィオ・ファブリッツィ

左／新しい覆いが、サン・モーリス修道院の古代ローマ・初期キリスト教時代の遺跡を危険な落石から守っている。
右／鉄骨構造は断崖から吊るされており、地面にも教会にも触れていない。170トンの石を使って固定されているが、この石こそがこの場所に危険をもたらしてきた。

001.7 | COVERAGE OF ARCHAEOLOGICAL RUIN OF THE ABBEY OF ST-MAURICE サン・モーリス修道院の遺跡の浮き屋根 | ST-MAURICE サン・モーリス | P234

001.8 | NEW MONTE ROSA HUT モンテ・ローザの山小屋 | ZERMATT ツェルマット | P236

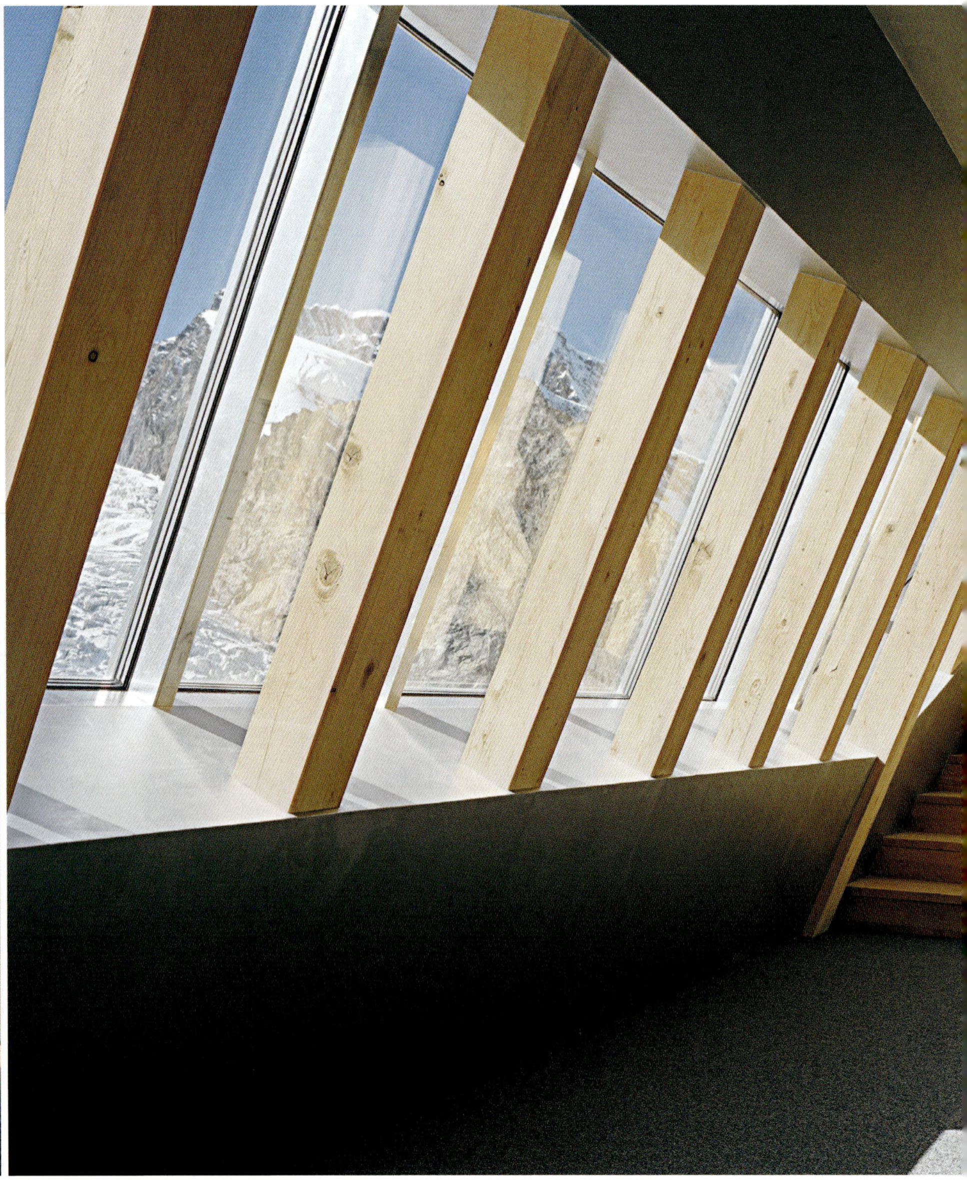

左・中／長いガラス窓の帯がアルミニウムのファサードをくるむ。屋内の階段は窓に沿って配置され、アルプスの山々の景観を楽しむことができる。
左／屋内の木構造が、居住空間に温かみを与え、屋外の凍てつく世界とコントラストをなしている。
前頁／新しい山小屋は、遠くから見ると雪に囲まれてちらちら光る氷晶のように見える。

002

INFRASTRUCTURAL

インフラストラクチャー

PARKHAUS OPÉRA
STADT

002.1 | OPERA CAR PARK オペラハウスの駐車場 | ZURICH チューリッヒ | P238

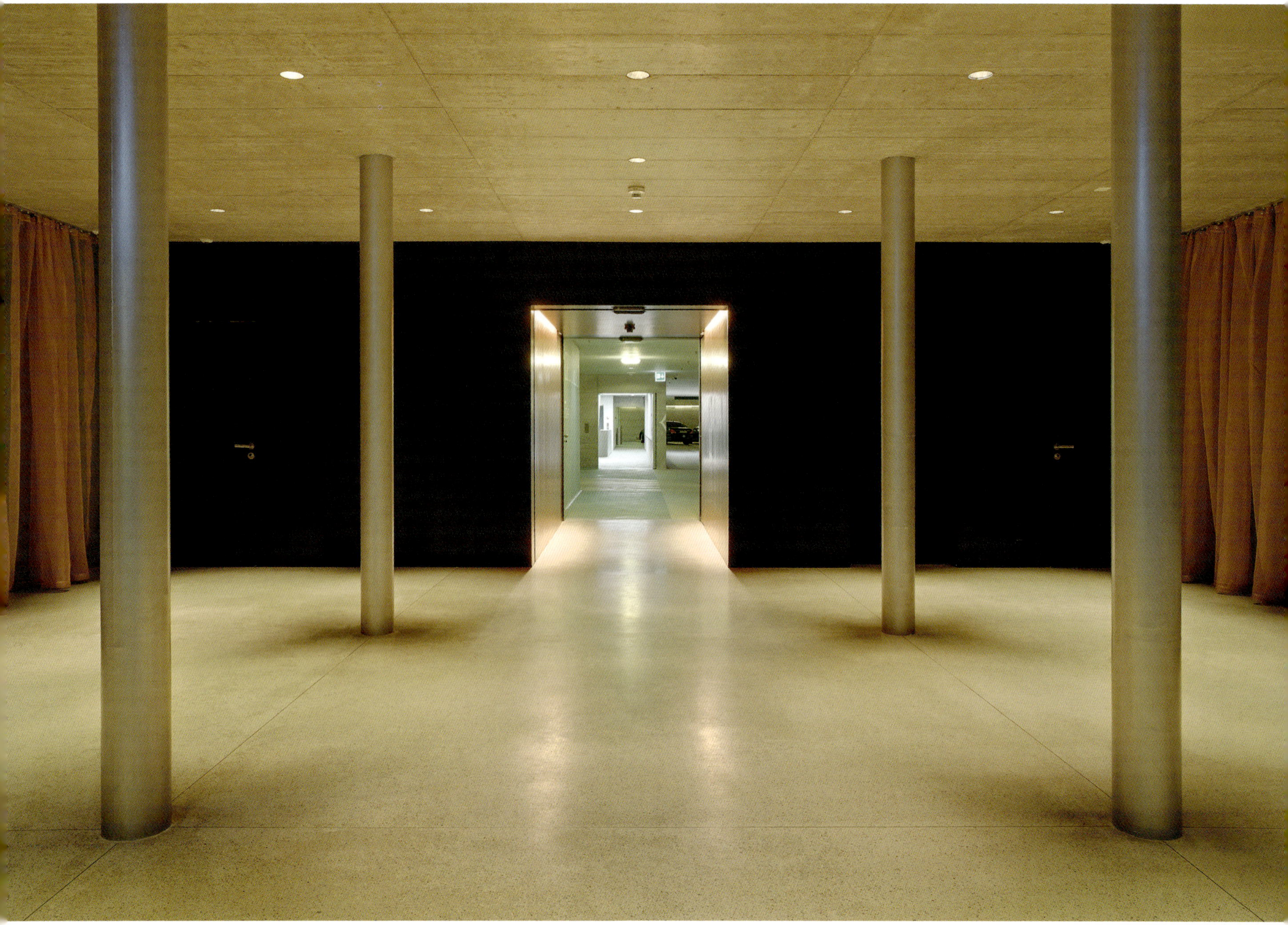

左／オペラの世界からインスパイアを受け、劇場の要素を随所に組み入れている。

右／巨大な地下駐車場。見通しをよくするために支柱を最小限に抑えている。

前頁／駐車場につながる2つのパビリオンの外壁は、チューリッヒ湖の形に発想を得た装飾が施されている。

AUSFAHRT
SEE

002.2 | TRAM DEPOT トラムステーション | BERN ベルン | P241

左・中／新設のパーキングゾーンは、構造材の位置に制約されないデザインとし、46メートルのトラムを収納することができる。
一列に並んだV字形の構造材が、パーキングゾーンとサービスゾーンを隔てている。
右／トラムステーションは、余分なものを省いたデザインと革新的な構造が組み合わされた建物である。
前頁／水晶のような外装のトラムステーションは、地域の新しいランドマークとなっている。

左・中／レガッタの大会開催中は、塔の木の雨戸が開かれ、展望台が現れる。
右／それ以外のときは閉鎖されており、独特な木の彫刻が静かな湖面に映し出される。

002.4 | POWER STATION FORSTHAUS フォルストハウス発電所 | BERN ベルン | P244

前頁／堂々たる佇まいの発電所が、あたかも産業大聖堂のようにベルンの入口に建っている。
左／このプロジェクトには、廃棄物回収施設、木材燃焼発電所、ガス・蒸気を用いた工場、太陽光発電設備が含まれる。最大のエネルギー効率が得られ、見学客を受け入れることができるように全ての施設用設備が入念に配置されている。
右／人目をひくインフラ建造物は、ベルン及びスイスの再生可能エネルギーを象徴する存在だ。

左／木とスチールで作られた人道橋。川岸の地形に沿う形をしている。
右／S字型のこの橋は、引張り力が働き、支持材を使うことなく川に架け渡されている。

002.6 | IM VIADUKT イム・ヴィアドゥクト | ZURICH チューリッヒ | P246

よくできたインフラストラクチャーはランドスケープを豊かにする。
これはローマ水道以来自明の理である。

EM2Nアーキテクテン

...17
Aufgang Lettenweg

前頁／高架橋は、地区と地区を結ぶ線形構造である。

左・右／もとは鉄道の線路としてのみ使用されていたインフラストラクチャーが、文化、仕事、娯楽スペースを含む場をつくり出した。大きな石造りのアーチを強調するために、新たに加えた構造体が浮かないようあえて控えめな表情に抑えている。

左／この消防署トレーニングセンター内に11の異なる火災現場が再現されており、消防士が様々なシナリオで演習できる。
右／ファサードのバラバラなエレメントは、迷路のような屋内レイアウトを反映している。

002.7 | FIRE HOUSE II TRAINING CENTER 第2消防署トレーニングセンター | OPFIKON オプフィコン | P248

002.8 | VIEWING PLATFORM CONN コン展望台 | FLIMS フリムス | P249

左・中／松とスチールでできた建造物が周囲の森に溶け込んでいる。

右／観光客が壮大な景観を直に感じられるよう、当初予定された崖の上ではなく、峡谷を見下ろすぎりぎりの位置に設置されている。

前頁／パノラマ展望台の優美な姿が、ライン渓谷を見下ろしている。

003

RECREATIONAL

休暇

003.1 | GARDEN PAVILION ガーデン・パビリオン | CONFIGNON コンフィニョン | P250

左／ガーデン・ファニチャーのような、コンクリートでできた小さな建物。

中／アコーディオンドアを完全に折りたたむと、開放的なパビリオンになる。

右／連結した3つのユニットは、屋内の機能によって大きさが異なる。

前頁／敷地にそっと佇むパビリオンは、各ユニットの下端のみが地面に触れている。

003.2 | REUSSDELTA TOWER ロイスデルタの塔 | SEEDORF ゼードルフ | P251

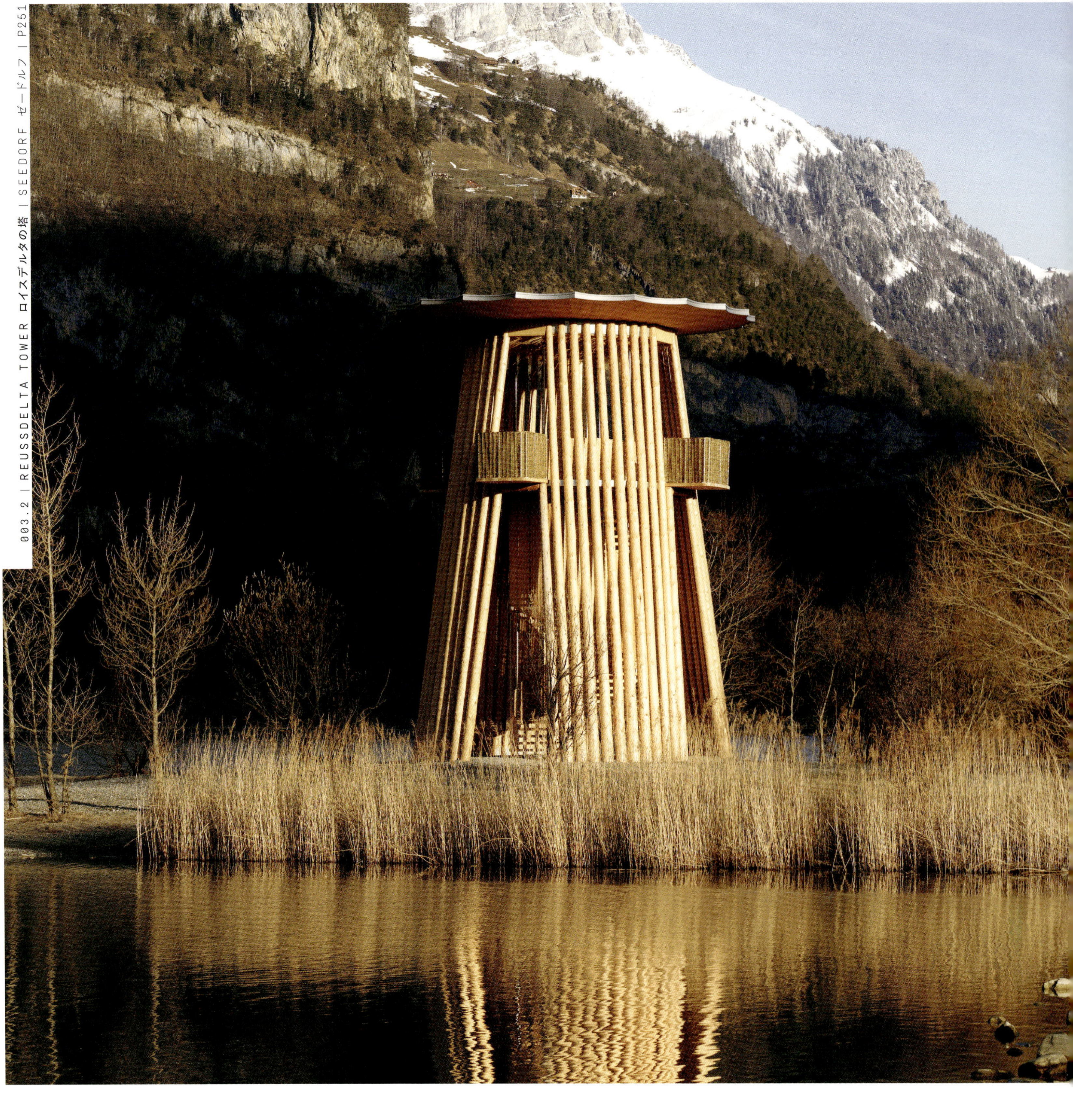

前頁／ロイスデルタの真ん中に立つ小さな観察塔。
左／観察塔から、この地域を象徴する山並みと保護地区を望む。
右／48本のヨーロッパモミの幹が円柱を形作る。編状の手摺と4つの展望デッキは地元の職人との共同作品。

003.3 | VISITOR'S CENTRE COLOMBIRE コロンビールビジターセンター | MOLLENS モラン | P252

あらゆる建築がどうしても変化していくということをうまく利用し、認識することで、
新しい建築物がそこに存在するに至る背景に自ずと結びついてくるだろう

Frundgalline

左・右／アルプスの壮大なランドスケープを縁取るはめ殺し窓がこのダイニングの特徴だ。調理場はダイニング片側の目につかない場所にある。前頁／この建物はコロンビール・エコミュージアムに属し、土地の地形を生かして作られている。上から見ると、左右非対称のパビリオンに見えるが、下の階は傾斜した敷地に埋め込まれている。

003.4 | PANORAMA GALLERY MOUNT PILATUS ピラトゥス山パノラマギャラリー | KULM クルム | P255

左・中上・中下・右／バーやショップもあり、ルーフテラスは観光客がくつろいで景観を楽しめるスペースとなっている。

前頁／ギャラリーがピラトゥス山の２つのホテルをつないでいる。

次頁／コンクリートでできた角の多い形は、起伏の多い山岳地形からインスピレーションを得ている。

003.5 | TITAN EXTENSION HISTORICAL MUSEUM 歴史博物館の大増築 | BERN ベルン | P256

大規模な都市化が望めない国、あるいは都市化にかなりの努力を要する国では、
当然ながら過密化が生じる。
残念なことに、過密化に対処するための資源計画は十分とは言いがたく、
政治的な対策の実施は大幅に遅れ、その多くは達成されずにいる。

:MLZD

前頁・右／増築された建物の全面鏡張りのファサードに、19世紀に建てられた博物館が映っている。

中／南側正面にはドラマチックな階段が滝のように続いており、5つの階をつないでいる。

左／薄い黄色のコンクリートの彫刻のような建物は、素材と抽象的なくぼみパターンを通して復古的な博物館を彷彿とさせる。

003.6 | GREENHOUSE BOTANICAL GARDENS 植物園の温室 | GRÜNINGEN グリューンゲン | P258

建築を通して場所に付加価値を与えることは、
建造物の長期使用に役立ち、
ひいては永続的に持続可能な開発に貢献できる。

idAアーキテクテン

左／熱帯植物の温室のデザインは、周囲の森からインスピレーションを得ている。次頁／4本の木のようなまっすぐな支柱が温室を構造的に支え、それぞれの支柱から12本の金属の枝に分かれ、ガラス天井を支えている。金属枝の傾斜が異なることで折れ目のように線の入った屋根表面となり、幾何学的な膜が形成されている。

植物園の温室／idA BUEHRER WUEST ARCHITEKTEN

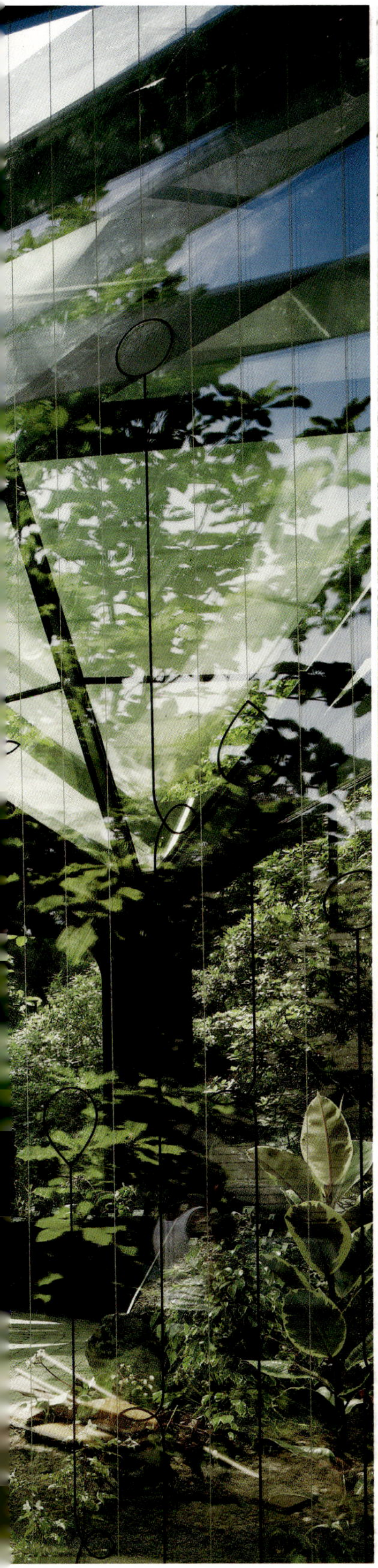

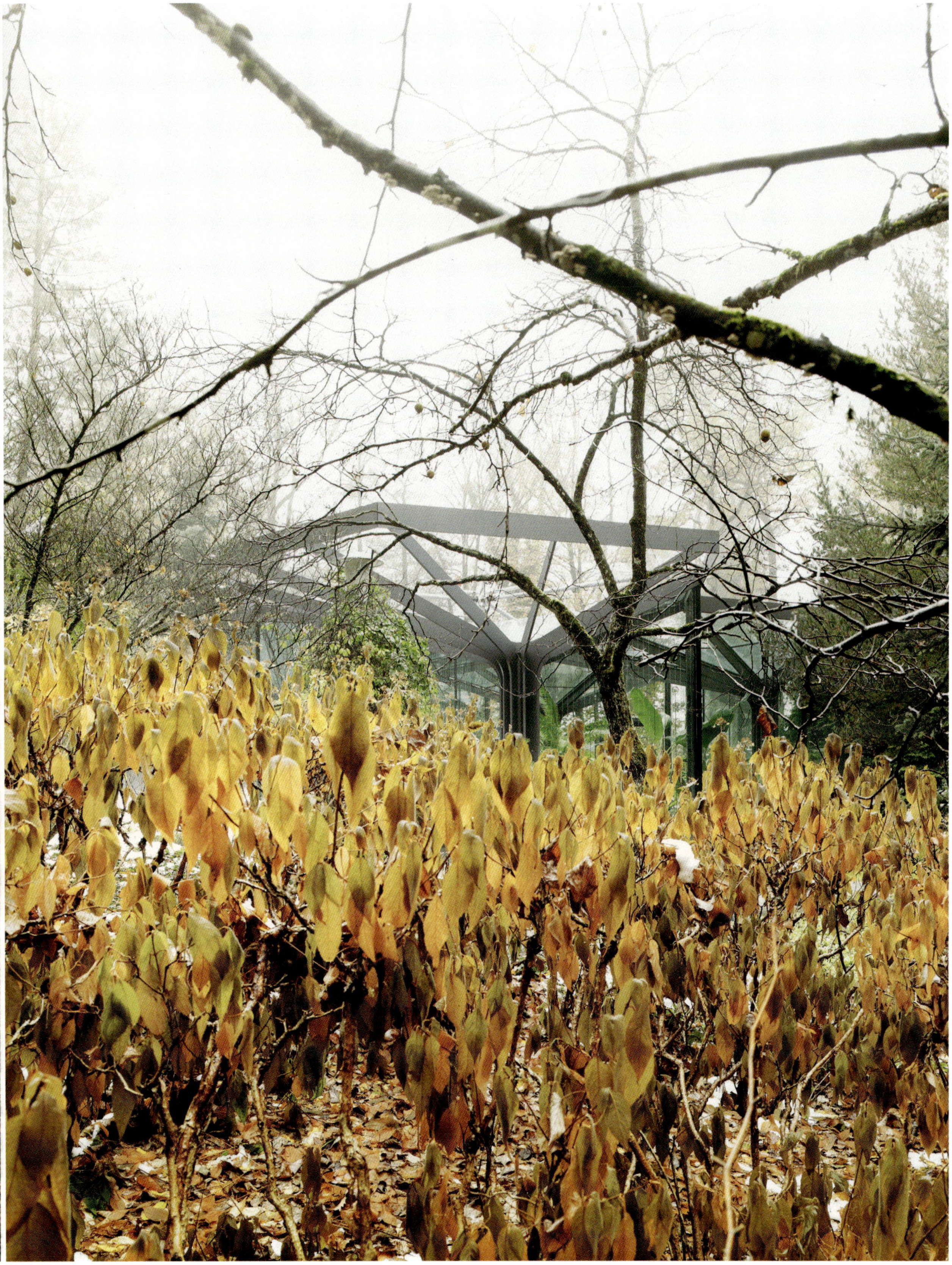

003.7 | ELISABETHEN PARK CAFÉ エリザベーテン・パーク・カフェ | BASEL バーゼル | P259

左・右／霊安室から改築されたこのカフェは、歴史的なファサードをくりぬいた円形の大きな窓が特徴で、窓からは隣接する広場が見える。内装はシンプルで、既存のアーチ型天井が見える。

003.8 | TAMINA THERMAL BATHS タミナテルメ | BAD RAGAZ バートラガッツ | P260

左／多数の木の支柱が浴槽と治療室を囲み、荘厳な森を彷彿とさせる。

右／テラスの向こうに広がる田園地帯は、楕円形に切り取られたビクトリア朝時代の風景画のようだ。

前頁／白い木のファサードや浴槽を思わせる楕円形のモチーフと、既存の建物とのコントラストが、バート・ラガッツ・グランド・リゾートの特徴だ。

003.9 | ELEPHANT PARK ZURICH ZOO チューリッヒ動物園の象舎 | ZURICH チューリッヒ | P263

右上・右下／うっそうと茂る木々の中に、藤棚のような屋根がうまく溶け込んでいる。
左／3層の積層パネルでできた屋根のもと、光と陰が交錯する。

004.0

RURAL

田園地帯

004.1 | ATELIER BARDILL アトリエ・バルディル | SCHARANS シャランス | P264

建築で目指しているのは、
一般的にできるだけ本物と認識されているもの、
そして、一貫性があり純粋であるという意味で
真実に近いものを表現することだ。
真実とは、美しいか醜いかではなく、混沌か整然かでもなく、
地球に優しいかそうでないかでもなく、だが意味のあるものである。

ヴァレリオ・オルジアティ・オフィスチーム

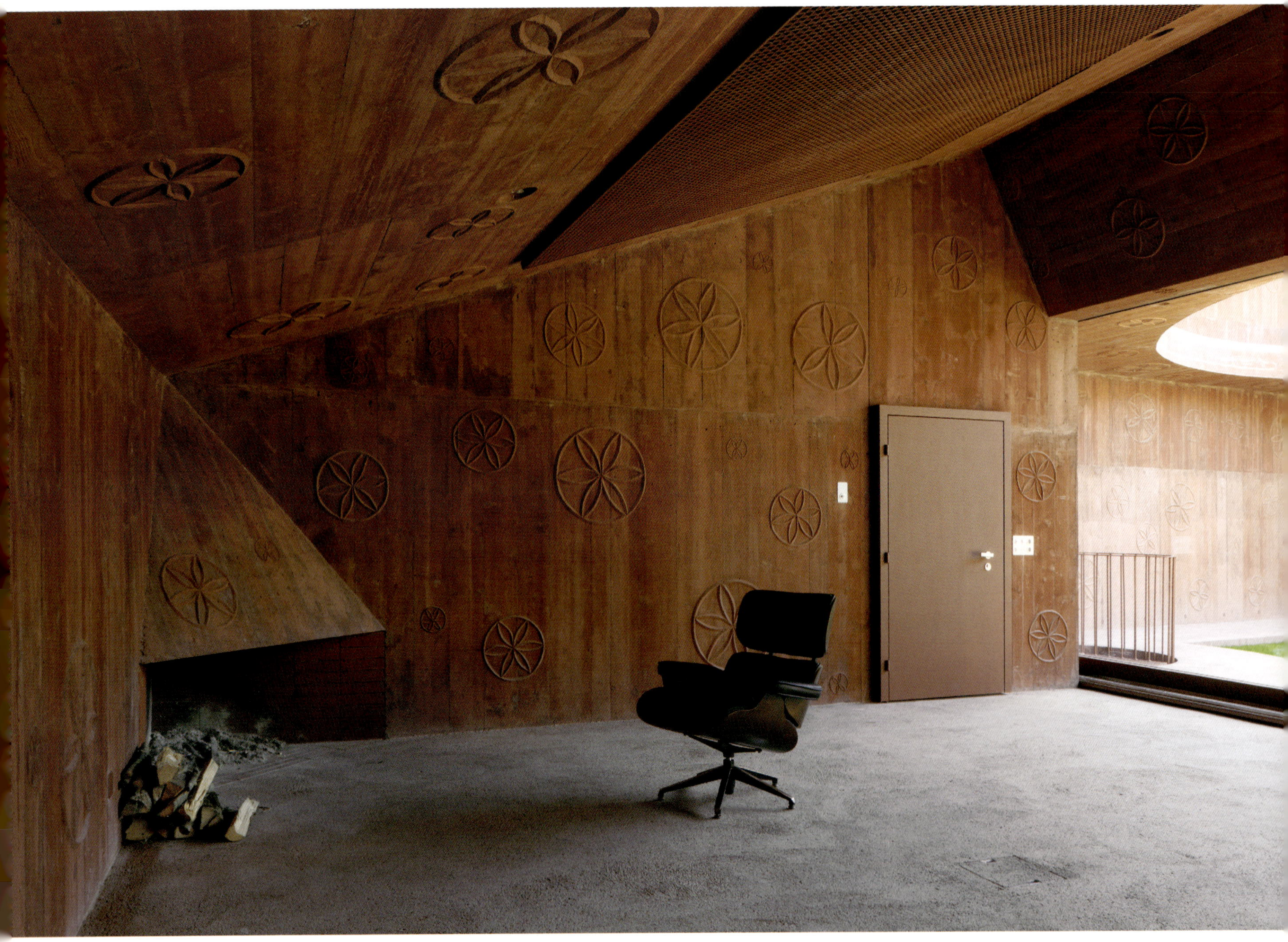

左・右／コンサートやイベントに使用することができる。プライベートスペースは、芝生の中庭とつながっている。

前頁／ムラがある赤茶色のスタジオは、以前にここにあった古い納屋のプロポーションを継承している。

次頁／屋内外には花モチーフの浮き彫りが施されている。大きな四角い開口部越しに、一枚岩のような壁のその内側が道から見える。

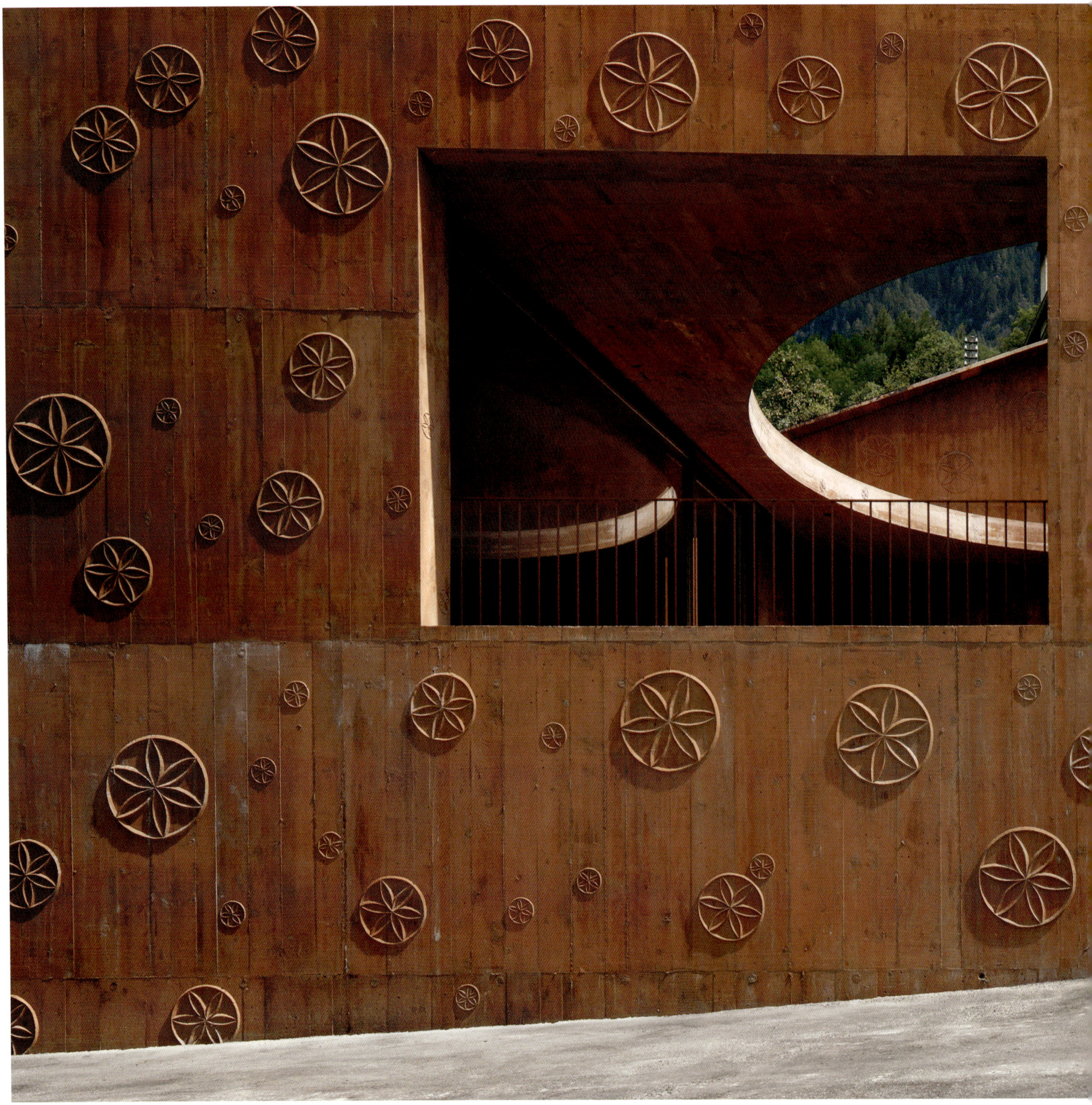

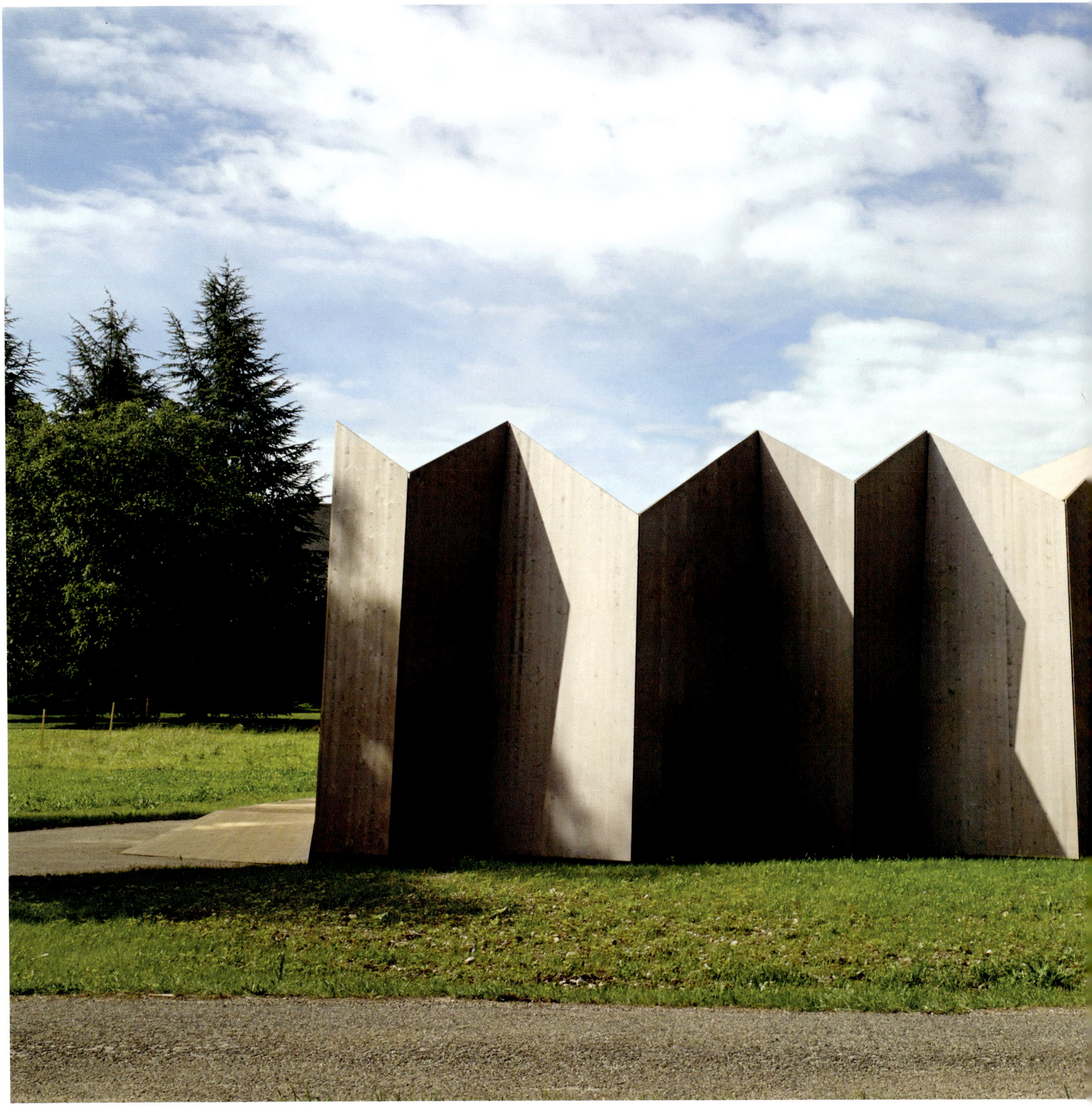

004.2 | ST-LOUP CHAPEL サン・ルーの礼拝堂 | POMPAPLES ポンパプル | P266

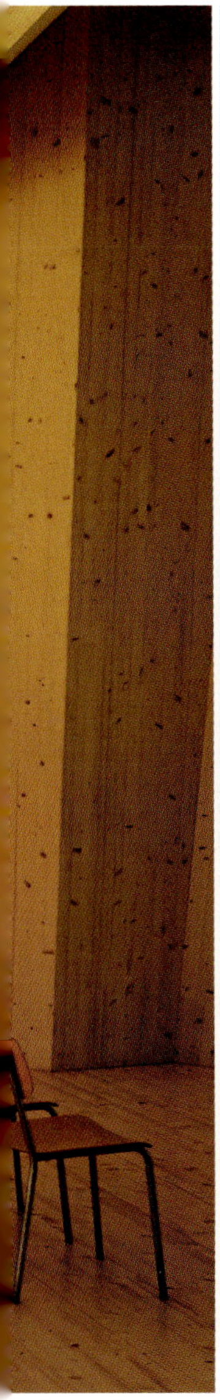

左・右／交互に折ることで大きな壁と小さな壁ができ、これらの壁が相互に作用することで、ファサードと内部空間に躍動感が生まれる。
屋根の谷（折り目）は雨水の排水に役立っている。不規則な折り目が音響効果を高め、光と陰が交錯する。
前頁／合板を折りたたむことで閉ざされた空間ができ、耐力構造が内部の仕上げとなっている。
次頁／モジュラーデザインで建てられた礼拝堂は、不要になれば効率よく解体することができる。

004.3 | COMMUNITY BUILDING コミュニティビル | CORPATAUX-MAGNEDENS コルパトー＝マヌダン | P267

持続可能で合理的なアプローチに不可欠なのは、
背景にしっかりと注意を払い、プロジェクト固有のエレメントを尊重することだ。
そうすることがプロジェクトに特別なアイデンティティーを与え、
使うにつれてその土地に馴染み、その場に相応しい建物となっていく。

2Bアーキテクト

前頁／この新しい庁舎の形と配置は、村の建物の昔ながらの高さとリズムにならっている。
ファサードと屋根を地元の凝灰岩（tuff）で統一することで、一枚岩のような外観が生まれ、
「La Tuffière」という愛称で親しまれている。
右／村が合併して新しく仲間になった村人が集う場所であるとともに、
パフォーマンスを披露する場としても使われている。

004.4 | STÖCKLI HOUSE ストックリ・ハウス | BALSTHAL バルシュタール | P269

左／この建物は１階の半分が野原に隠れており、周囲の牧草地が自然と屋内の生活空間に流れ込んでくる。

右／外観と家具にモミの木を使用することで、構造材が意匠性を併せもつとともに、視覚的な連続性が生まれている。

前頁／近隣の大農場が所有するスイスの伝統的な建物・ストックリが小さな家に変身した。

004.5 | TECHNICAL SCHOOL VISP フィスプのテクニカルスクール | VISP フィスプ | P270

BERUFSFACHSCHULE OBERWALLIS

左／窓ガラスのフレームは鏡面仕上げのスチールで覆われており、周囲にあるものを断片的に映し出している。

右／校舎の鮮やかな色のガラスが、万華鏡のような効果を生み出している。

前頁／ヴィージェ・キャンパスに増設されたこの校舎の規模は、近くの建物に合わせている。

004.6 | VILLA CA’JANUS | PONTO VALENTINO ポント・ヴァレンティーノ | P271

左／木の梁を特徴とする存在感のある天井が家全体を覆い、2つのボリュームを統合している。
右／外観から予想される以上に天井が高く、斜めに視界が抜ける。
前頁／ティチーノ溪谷に囲まれており、周囲の圧倒的な自然に呼応するように2つのボリュームが配置されている。

004.7 | GRONO SCHOOL　グロノの学校 | GRONO　グロノ | P273

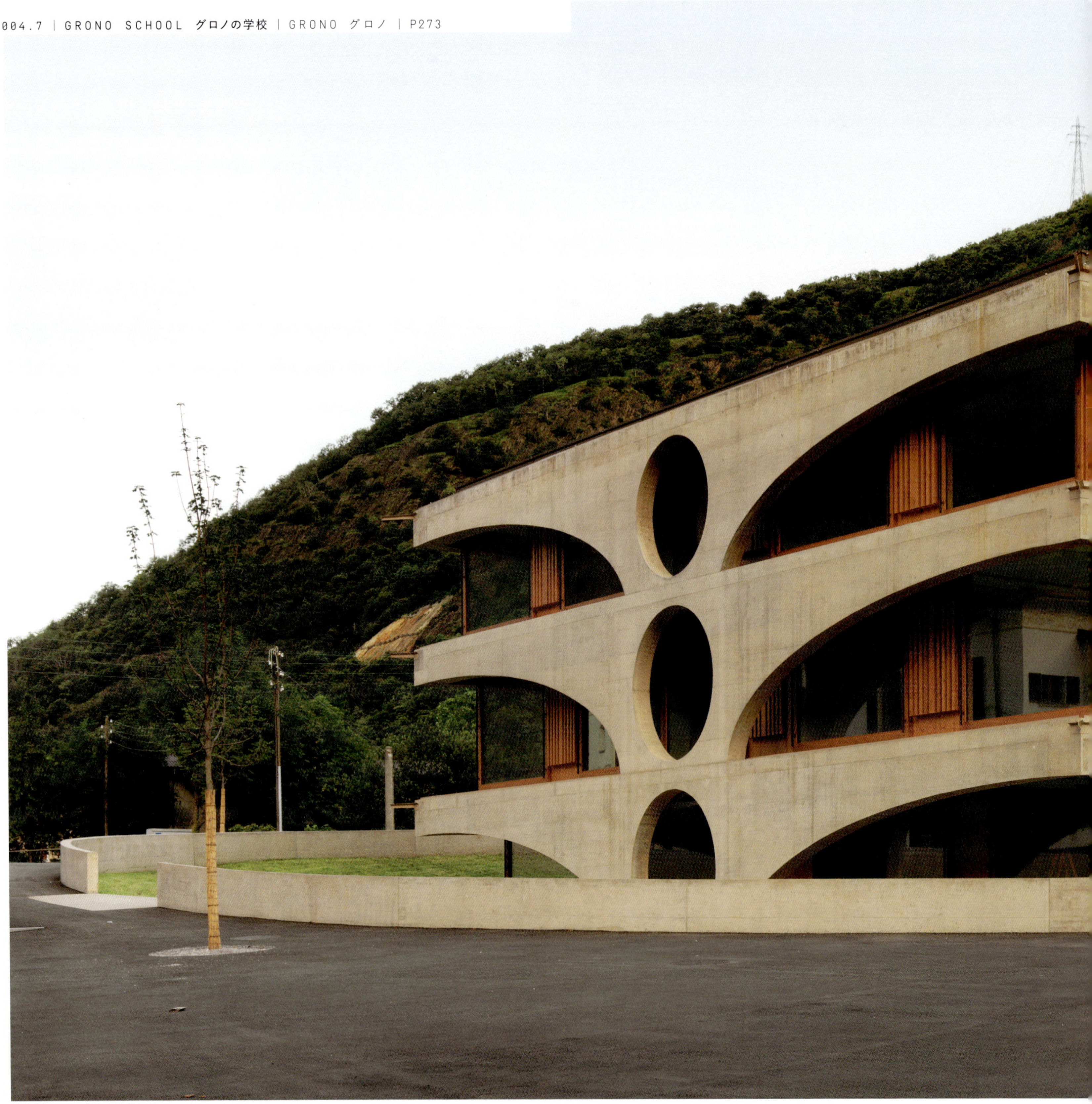

左／打ち放しコンクリートの階段が螺旋を描き、建物を支える中心的な構造となっている。

右／コンクリートのファサードは四隅に向かって切り取られ、大きな穴があいている。そこから自然光が中に入り、外の景色を見ることができる。

前頁／幾何学的なフォルムを特徴とするグロノの新しい学校は、ティチーノ州の合理主義を反映している。

建築とは、既存のバランスに手を加え、
それを全く別のものに変えることを意味する。
敷地の性質を評価したうえで、
新しいバランスを生み出すということだ。
私たちは、その建物に固有の新しいアイデンティティー、
すなわち建築が集合記憶との関係を築くことを
可能にする暗黙のアイデンティティーを生み出す。

DURISCH + NOLLI

004.8 | SSIC VOCATIONAL TRAINING CENTRE SSIC職業訓練センター | GORDOLA ゴルドラ | P274

SSIC職業訓練センター／DURISCH + NOLLI

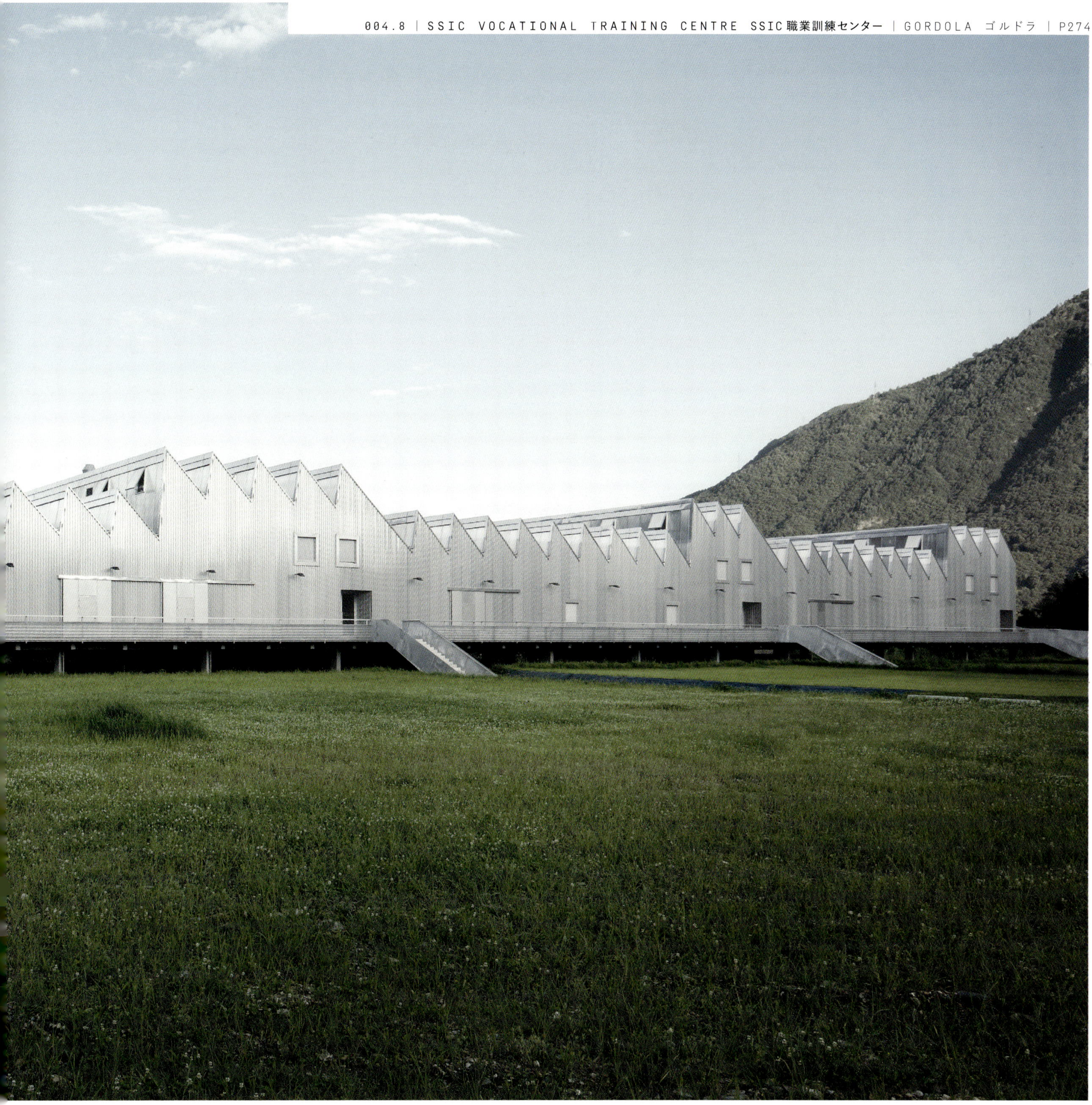

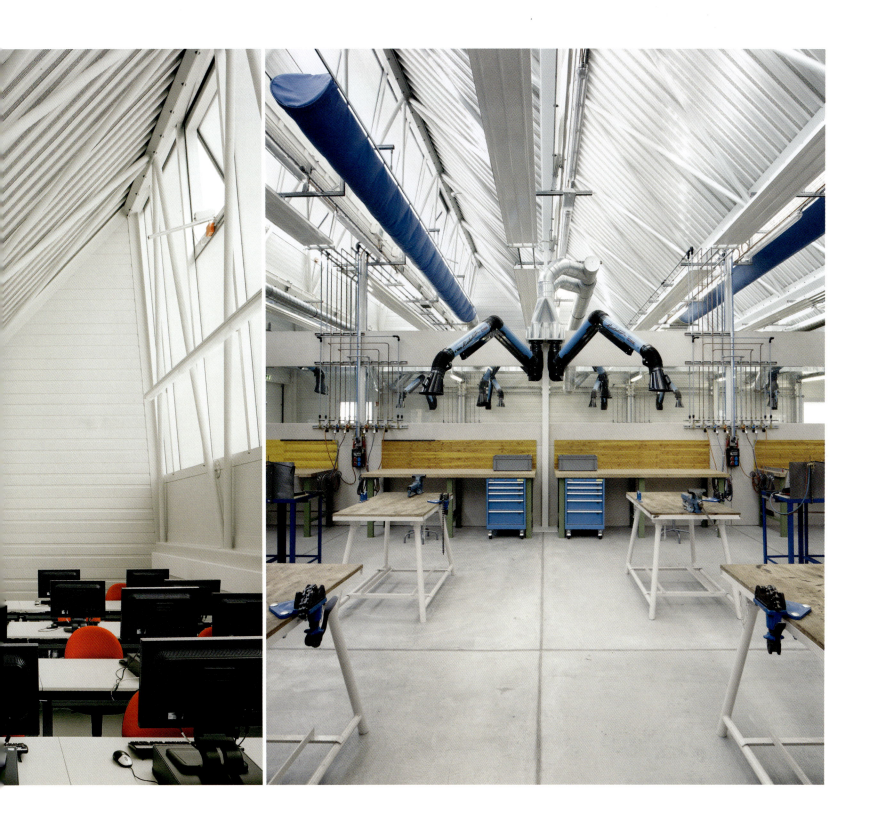

左／ティチーノ州の平野は洪水で氾濫する恐れがあるため、平野よりも2メートル高く建てられており、見晴らしが良い。

中・右／屋内は、様々な技術面や運営上の理由で求められる要件に応じて編成されている。

前頁／鋸歯状の屋根をした光を放つ大きな塊のようなこの建物は、実習生が卒業後に働くことになる工場やワークショップを連想させる。

004.9 | VILLA CHARDONNE ヴィラ・シャルドンヌ | CHARDONNE シャルドンヌ | P277

左・右／建物をガラス窓が包み、全ての部屋からパノラマを楽しむことができる。
前頁／ジュネーブ湖を見下ろす高台にある。細いスチールの柱だけで支えられているので、長い黒い箱が地面から浮いているように見える。

005

SUBURBAN

郊外

005.1 | HOUSE IN FRONTENEX フロントゥネの家 | FRONTENEX フロントゥネ | P278

左・中・右／ビシャン仕上げのコンクリートが、既存建物の石造りと視覚的につながる。既存建物と増築部分は、傾斜路とスロープでつながっている。
前頁／この住宅プロジェクトは、1808年に建てられた昔ながらのオランジェリー（オレンジやレモンなどを冬の寒さから守るためにつくられた建物で、温室の原型）と現代的な増築部分を結びつけている。

005.2 | AUDITORIUM AND LIBRARY OBSTGARTEN 公会堂と図書館・果樹園 | STÄFA シュテファ | P280

前頁／コンクリートの外壁は、１９７０年代の公共文化建築の特徴からヒントを得ている。
左・右／外装は打ち放しコンクリートで、抽象的な樹皮のモチーフがコンクリートの荒々しさを和らげている。
次頁／１つの建物内に講堂と図書館に加えてケータリングキッチンを収めるには、入念な計画が必要だ。

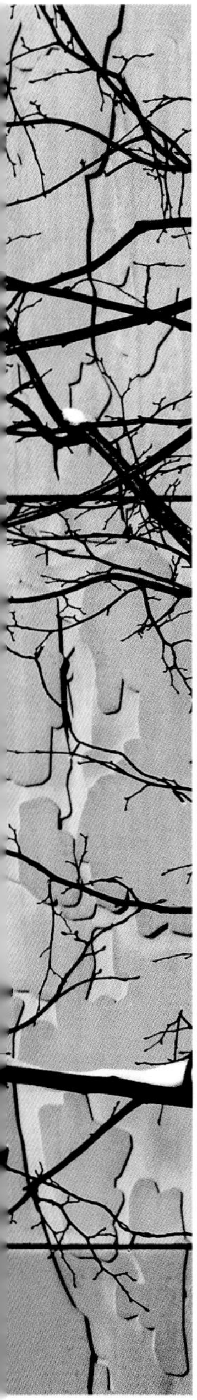

005.3 | KLEE HOUSING クレー集合住宅 | ZURICH チューリッヒ | P282

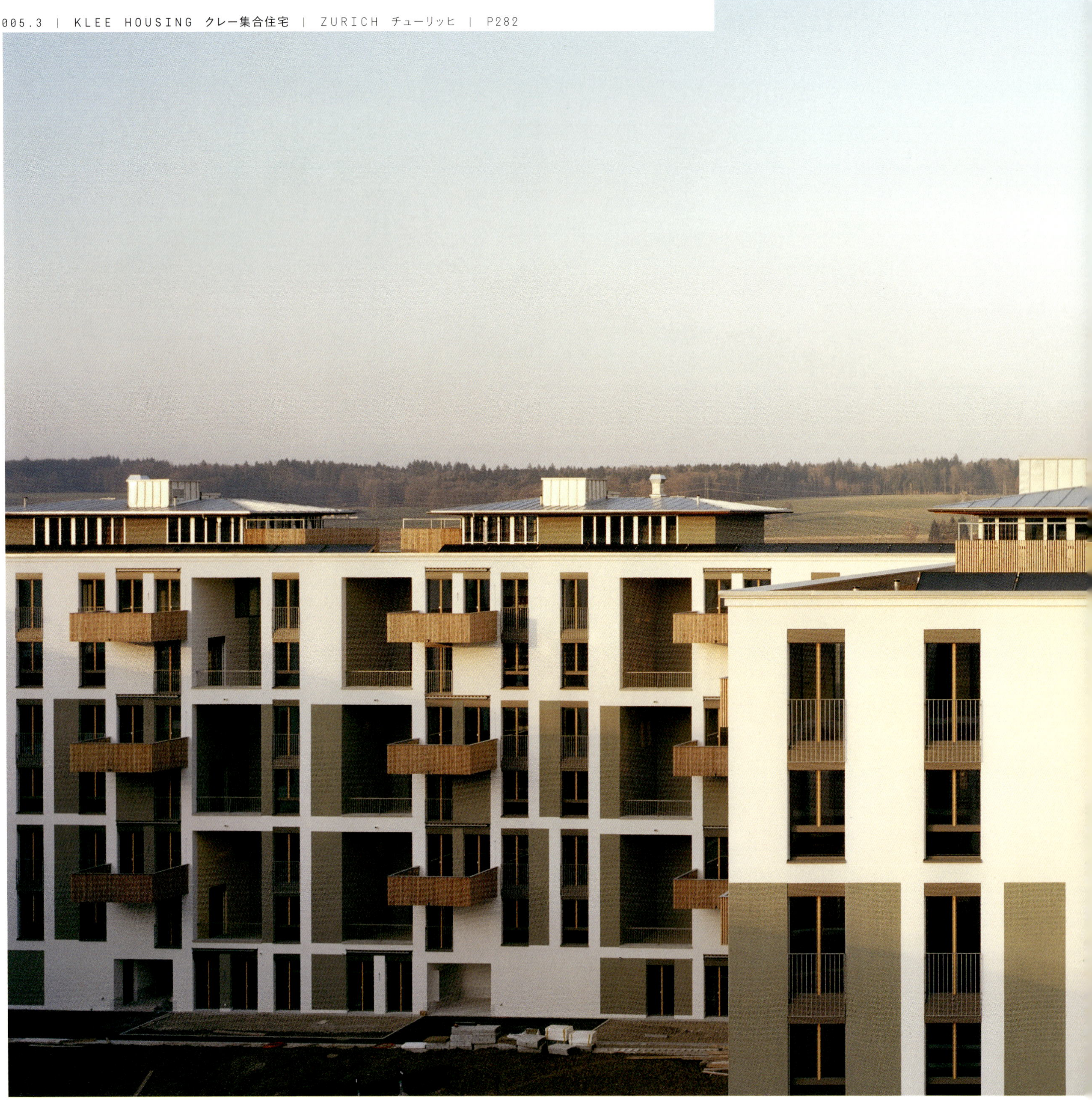

前頁／３４０室を収容する巨大な集合住宅は、外装の視覚効果によって実際よりも小さく見える。
屋上の洗濯室からの眺めがすばらしい。
左／どこからでも戸外に出られる快適な生活空間だ。
右／建物に囲まれた中庭は分割され、小さな共有エリアとなっている。

問題は、現在の文化的環境下で、都市が過密化したり、
「環境を壊さない持続可能な状態」であったりしても、
それでも住みやすいと考えられるかということである。

ボルツハウザー・アーキテクテン

005.4 | SCHOOL PAVILION ALLENMOOS II 学校分館アレンモースⅡ | ZURICH チューリッヒ | P283

左／内装に使用されているタイルは、芸術家マルティン・ラオホの作品である。

右／屋内は、シンプルでわかりやすい構成だ。

前頁／1950年代に建てられた以前の建物の高さと土地専有面積を維持して、全面的に改装。一部版築とし、ほぼ全体を建て直している。

005.5 | SYNTHES HEADQUARTERS シンセス本社ビル | SOLOTHURN ゾロトゥルン | P284

前頁／シンセス社の本社ビルは、細長い敷地に建っている。前面に立ち並んだ柱とその奥の波状のファサードが、基本的なコンポーネントを形成している。
左／各フロアは、両端の階段をつなぐ通路を中心に配置され、通路がオフィスを統合している。
右上・右下／１階は、通路は川に面しており、社員食堂がある。

005.6 | SWISS TECH CONVENTION CENTER スイステック・コンベンションセンター | ECUBLENS エキュブラン | P286

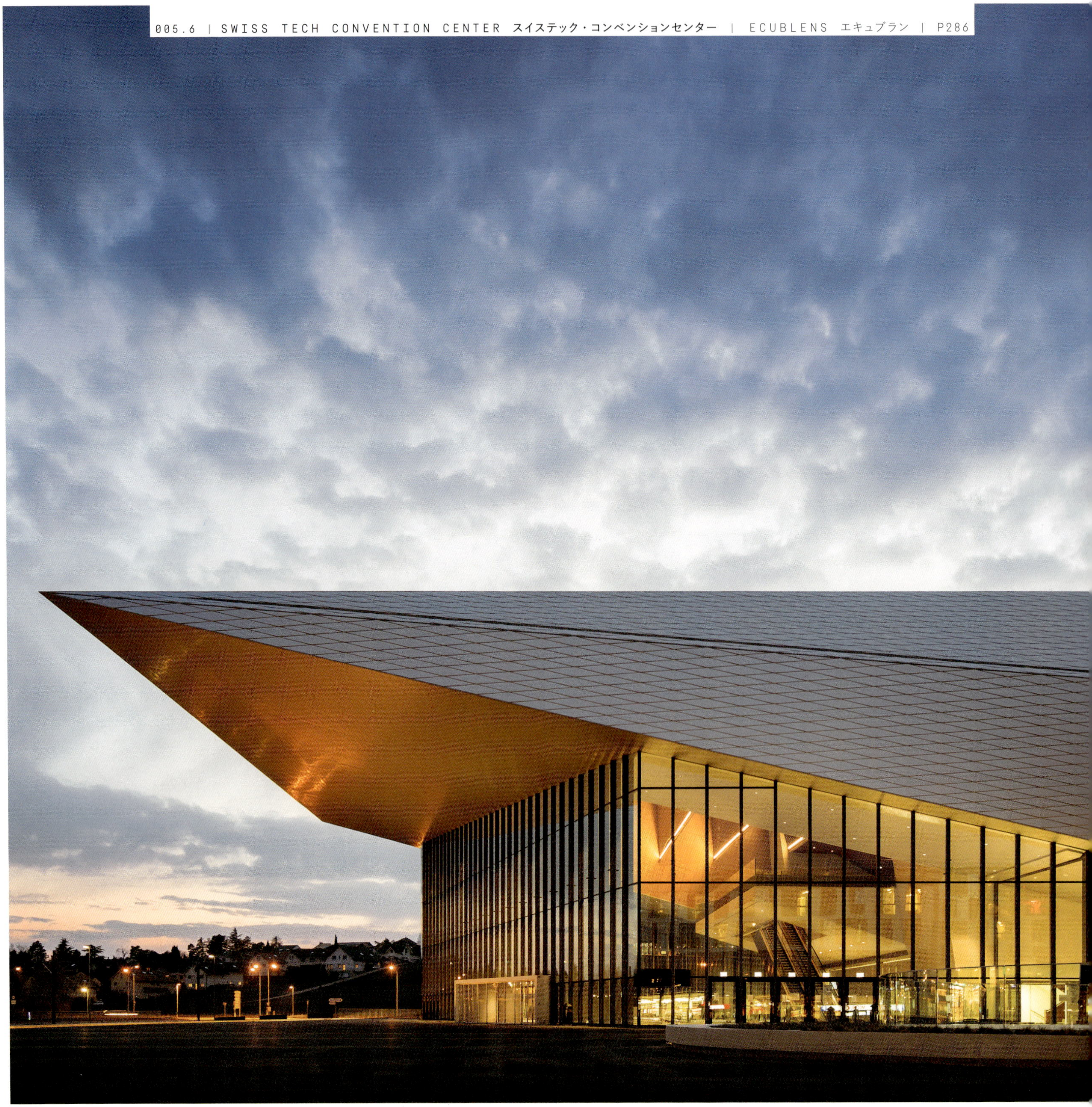

私たちの社会は、過密化した都市の概念に対立するものとして、
誰もが村のモデルを好むが、
ある意味同じことを言っていることに気付いていない。
私たちは、日常必要なものが全て近くにあることを求めている。

リヒター・ダール・ロシャ

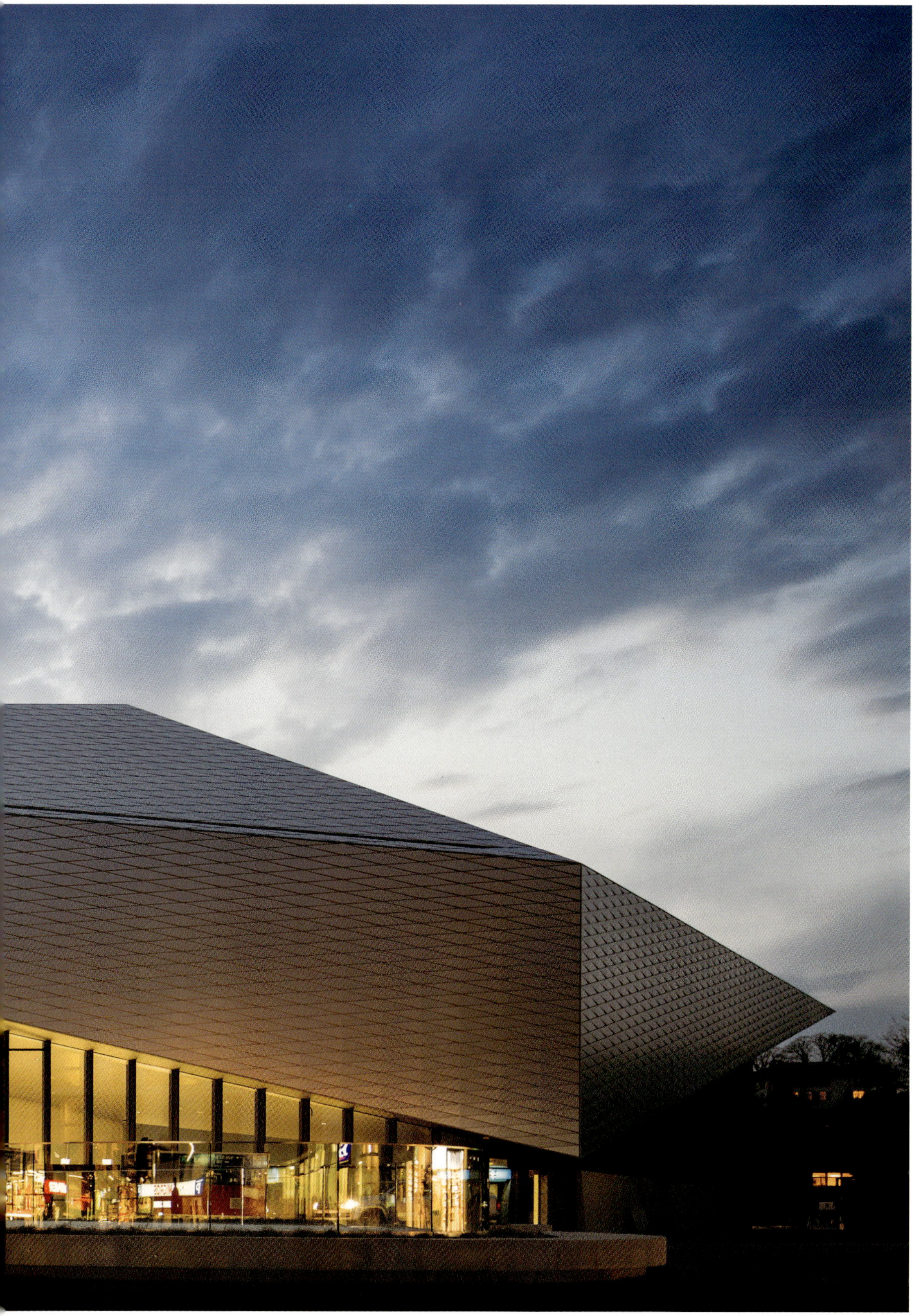

左／ホールの材料と色は、隣接する学生寮と調和するように選ばれている。

右／適応性のある新しいホールの収容人数は3,000人である。

前頁／スイス連邦工科大学ローザンヌ校北キャンパスの一部。角張った金属の甲羅が、スイス最大のキャンパス北西入口を形作っている。

次頁／キャサリン・ボレの色彩設計に従って、色素増感太陽電池が組み入れられた透明のパネルが交互に配置されている。

EPFL

005.7 | LIBRARY PARK AND PAVILION 市立図書館の公園とパビリオン | ZUG ツーク | P288

左／駐車場の上にあるこの公園は、図書館の2つの敷地をつないでいる。
次頁左上・左下／垂直な木の仕切りが、駐車場のコンクリートの外観をパビリオンと馴染ませるとともに、その下の建造物を隠している。
次頁右／パビリオンは、垂直な木の仕切りによって中にある技術的な装置を隠し、屋外スペースを雨風から保護している。

市立図書館の公園とパビリオン／PLANETAGE と RAMSER SCHMID

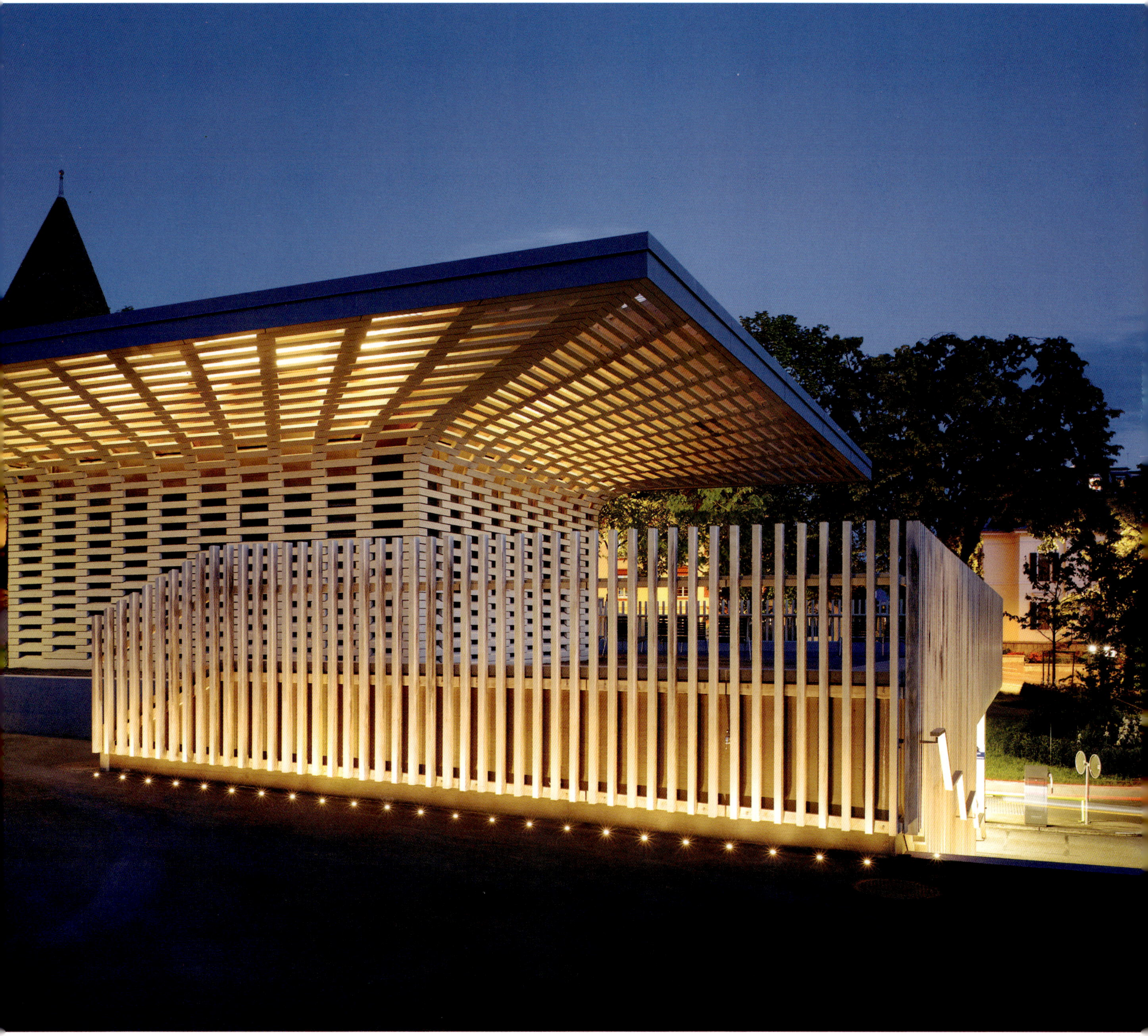

005.8 | LEUTSCHENBACH SCHOOL ロイチェンバッハの学校 | ZURICH チューリッヒ | P289

左・右／3次元のトラス構造上にフロアが垂直に積み重ねられ、周囲をガラスの壁が包み、各フロアは広い階段で結ばれている。

前頁／チューリッヒの北端にあるこの学校のコンパクトなプロポーションと半透明のファサードは、都市のランドスケープの新しいランドマークとなっている。

006

URBAN

都市

E 50
E 9
E 8
E 7

006.1 | PRIME TOWER プライムタワー | ZURICH チューリッヒ | P290

プライムタワー／ギゴン&ゴヤー

左／ペアガラスで覆われたファサードは、多角形の緑の水晶のように見える。朝から夜まで１日の流れに従って、多面的なファサードが変化する。

右／チューリッヒのかつての工業地区でひと際目を引くランドマークとなっている。高層階のオフィスからはチューリッヒを一望できる。

前頁／プライムタワーの誕生によってチューリヒのスカイラインが一新された。上層に行くに従って建物の幅が広がり、不規則な八角形の平面が進化していく。

006.2 | LAUSANNE OPERA HOUSE **ローザンヌオペラハウス** | LAUSANNE ローザンヌ | P292

過密状態での生活は快適とは言いがたい、
これは政治的あるいは社会的な課題である。
生活や仕事の空間が減少傾向にあるならば、
文化、自然、商業空間としての公共空間が重要となる。
都市は様々な集団で構成されており、
これらの集団の割合を考慮した上で公共空間を構築しなければならない。

デヴァンテリー&ラミュニエール

Chat Noir
RESTAURANT

左・右／既存の建物にはできるだけ手を加えず、基本的には舞台装置のグレードアップのみにとどめた。

前頁／1870年代に建てられたオペラハウスに増築した5階建ての建物は、特徴的な外観の中に近代的な設備が収納されている。

次頁／艶消し、サンドブラスト、鏡面仕上げのスチールに覆われた外観は、市の新しい名所となっている。

50

006.3 | VOLTA CENTER ヴォルタ・センター | BASEL バーゼル | P294

左／この建物はジグザグの立面を特徴とし、アパートとショップの入り口はファサードに挟まるような形ではめ込まれている。

右／複合施設の２つの共用の中庭から重いコンクリートの殻にあいた窓を通して日が射し込む。

前頁／ヴォルタ通りの一角にあり、ザンクトヨハン駅に面している。

006.4 | INNER FAÇADE FEDERAL COURT 連邦裁判所の内側ファサード | BELLINZONA ベッリンツォーナ | P295

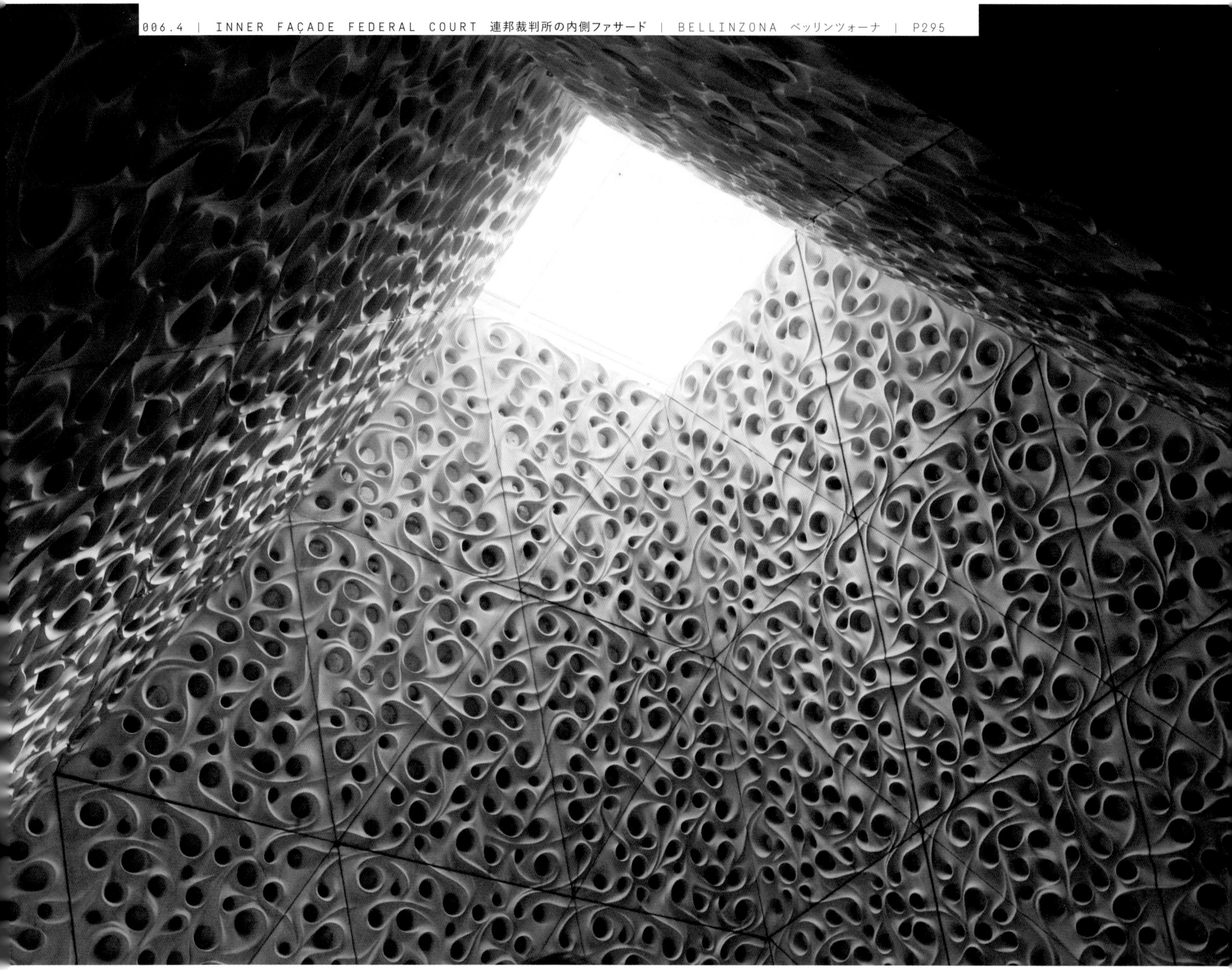

左・右／先端が切り取られたピラミッド形のベッリンツォーナの法廷を装飾的なパネルが覆い、壮麗なドーム型の天井を形作っている。それぞれのパネルのデジタルモチーフが、音響・構造・意匠の面から空間の質を高めている。

スイスでは、アルプスの山々が都市とつながっている。
アルプスの山々はすでに都市のランドスケープの一部である。

ディーナー&ディーナー

006.5 | NOVARTIS CAMPUS FORUM 3 ノバルティス・キャンパス、フォーラム3 | BASEL バーゼル | P296

右／中庭の植栽を通して日光が会議室とオフィスに差し込む。

左／アメリカンウォールナットの曲線形の階段が、全ての階を通ってワークスペースをつないでいる。

前頁／このビルはキャンパスの中心に位置し、シンプルで直線的なファサードで構成され、色調、厚み、大きさの異なる3層のガラスがビルに躍動感を与えている。

006.6 | STUDENT HOUSE OF THE GRADUATE INSTITUTE 大学院学生寮 | GENEVA ジュネーブ | P298

左・右／全ての居室が東西に並んでおり、学生たちが集う共用スペースを兼ねた屋外通路でつながれている。

前頁／10階建ての建物の各階に跳ね出したコンクリートスラブが、近くの鉄道の騒音を軽減している。

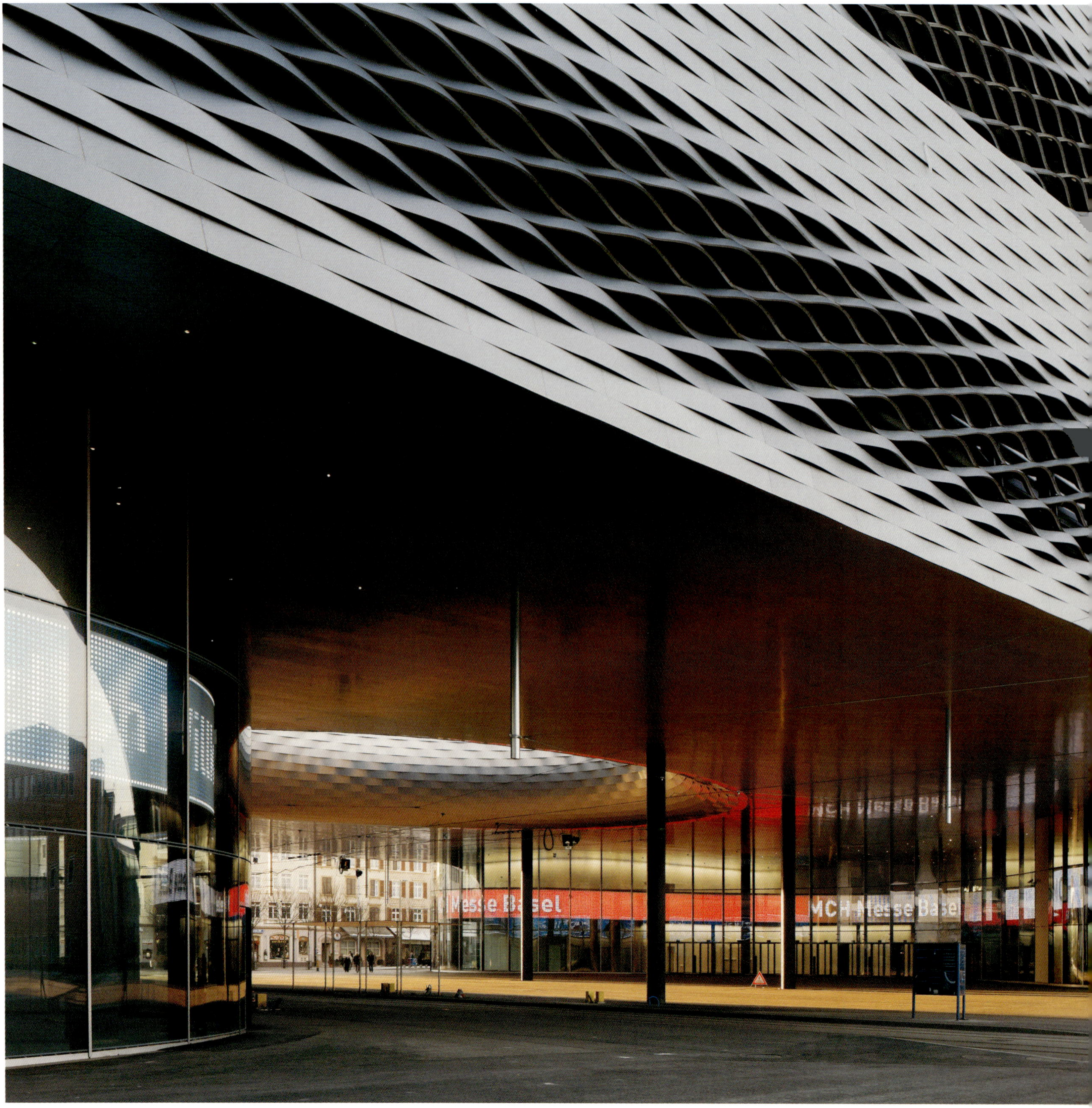
Messe Basel
MCH Messe Basel

006.7 | NEW HALL FOR MESSE BASEL メッセバーゼルの新しいホール | BASEL バーゼル | P300

前頁／通常の展示センターとは異なる立体的な構成で、展示スペースが層のように重なり、互いに補完している。
左／ねじれたアルミニウムの帯が外装に織り込まれ、ファサードの動的な印象を強調している。
右・次頁／この建物の外観で最も特徴的なのは、大きな円形のオープニングだ。「シティラウンジ」と呼ばれる屋外スペースには
バー・レストラン・ショップが入っており、複合施設のメインエントランスにつながっている。

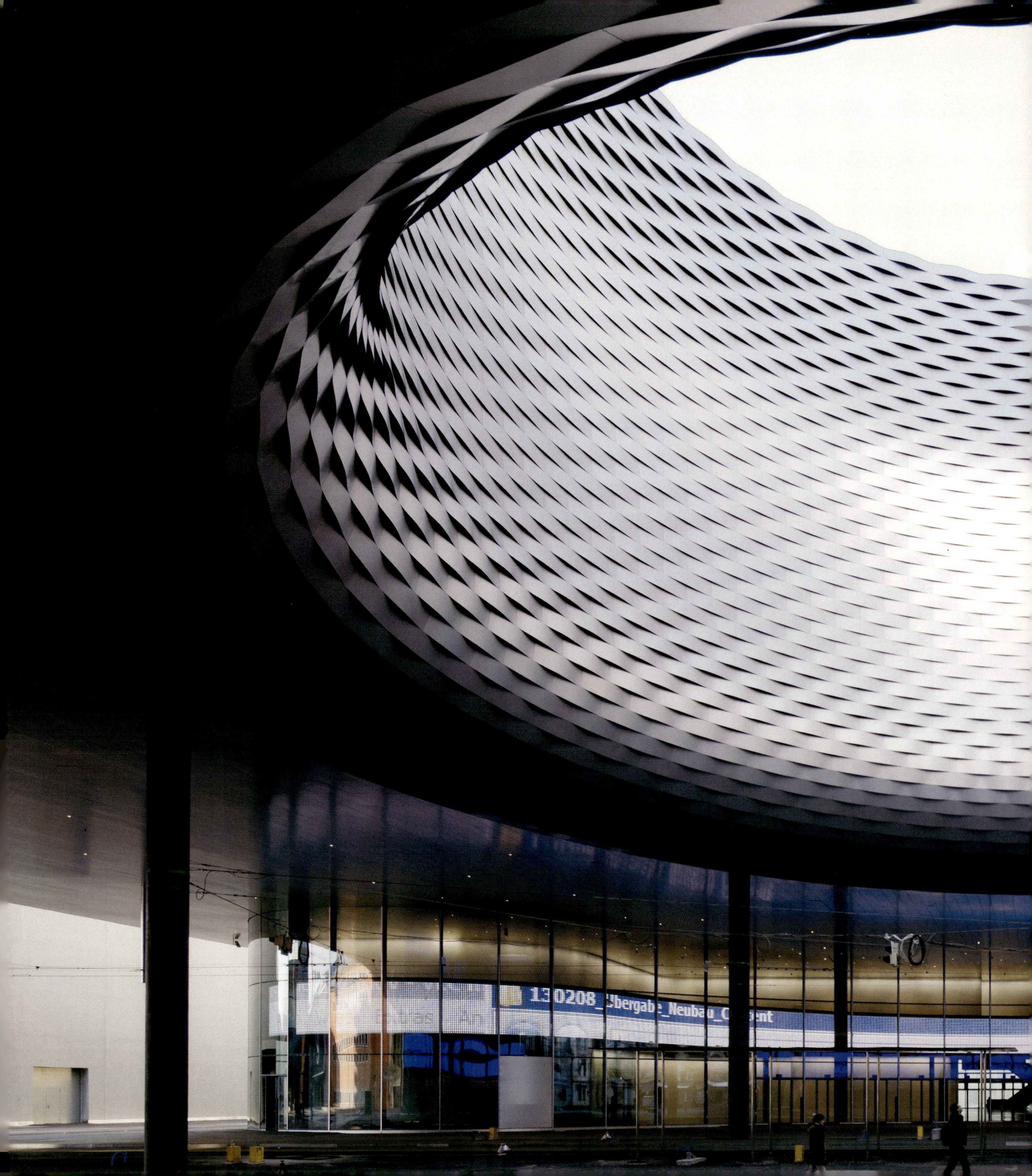
130208
Neubau

006.8 | INSTITUTES OF PATHOLOGY AND FORENSIC MEDICINE 病理学・法医学研究所 | ST GALLEN ザンクト・ガレン | P302

左・右／このプロジェクト全体のモチーフとして使われている正方形によって、動線や部屋の配置が決定し、個性的な形の開口部を通って光が入ってくる。
前頁／アルミニウムの日除けルーバーを通して光が入る。

DOCUMENTATION

資料

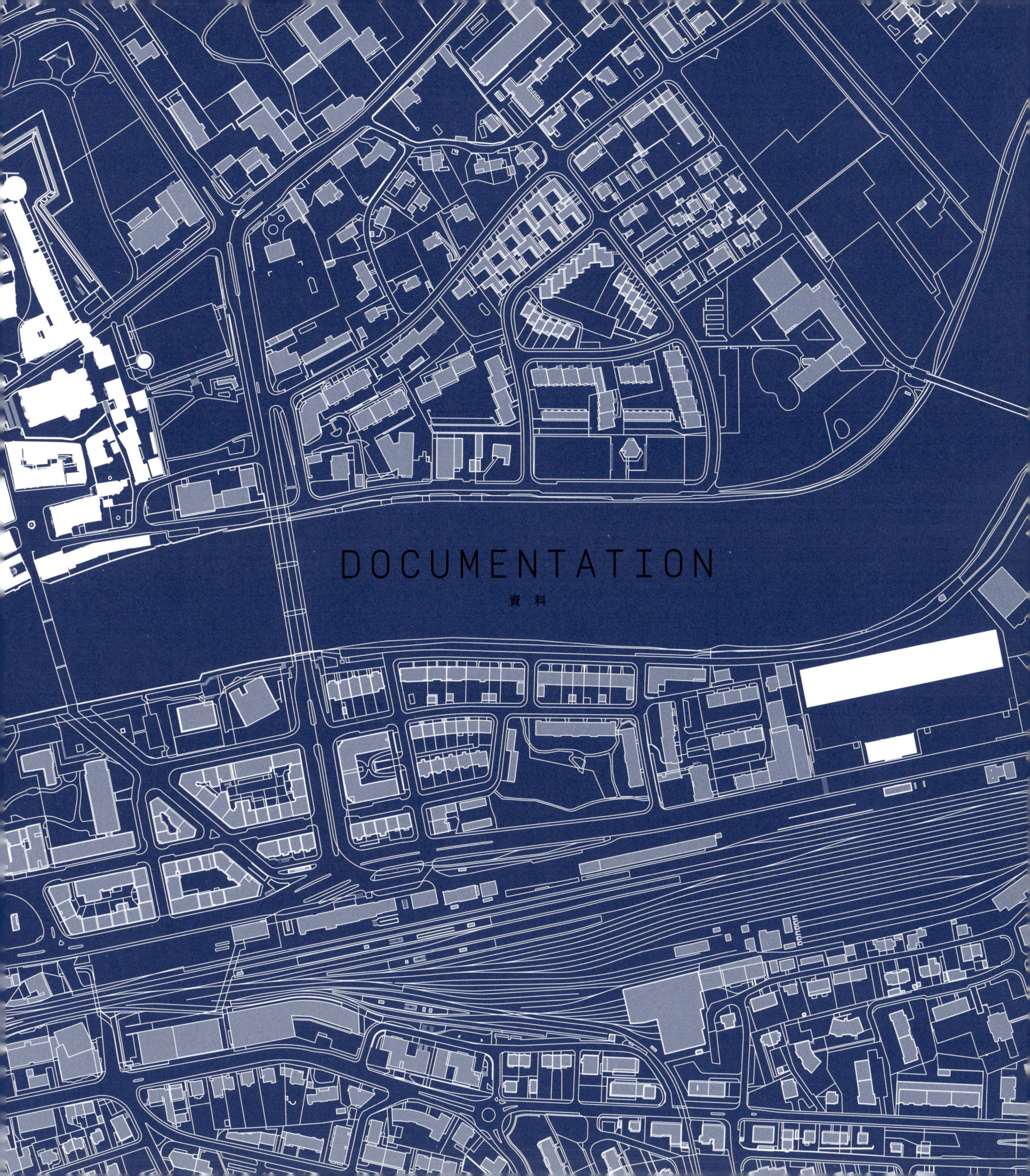

ALPINE
アルプス

001.1

HOUSE PRESENHUBER
プレゼンフーバー邸
ヴナ
P14-17

建築家

ANDREAS FUHRIMANN & GABRIELLE HÄCHLER
アンドレアス・フーリマン&ガブリエーレ・ヘーフラー
Hardturmstrasse 66
CH-8005 Zurich

電話：+41 44 271 0480
電子メール：mail@afgh.ch
www.afgh.ch

他の参加者

プロジェクト・マネージャー：Barbara Schaub AFGH

施主

エバ・プレゼンフーバー

建設年

2006-2007年

プロジェクトの概要

国際的に有名な画廊のオーナーが所有するこの別荘は、低エンガディン地方のアルプスの村、ヴナにある。このプロジェクトの設計課題は、村の伝統的な建物と新しい別荘のバランスを取ることであった。エンガディン地方の伝統的な建築に近しく、それでいて現代のプロジェクトと認識される作品をめざしたものだ。

村の中心にあり、周辺に昔からある建物のプロポーションと調和するサイズ感とすることで、周囲の建物とのギャップを埋めている。この地区はこれまでに大きな火災を幾度となく経験しており、昔ながらの木造家屋はなくなっていき、代わりに石造りの建物が定番として採用されるようになった。この建物の主な素材であるコンクリートは、村に昔からある石造りの家の雰囲気にうまく溶け込む。リビングと寝室は板張りとすることで、家庭的な暖かさを醸し出し、山荘で生活することで得られる伝統的な体験によく似た雰囲気をたたえている。同様に、正面に窓がなく重厚感のある1階も、地域に根差した建築の特徴だ。

構造としての気泡コンクリートの使用は、石造りの家への回帰である。コンクリートの特性を表面処理のいらないフラットな壁とした。この方法によって得られるかなり厚みのある壁は、奥行のある角窓の枠など、伝統的な工法で建てられた石造りの家の特徴に非常によく似ている。部屋の用途に応じて窓が配置され、そのため不規則なファサードとなり、これは近隣の古い家々と共通の特徴である。

01 断面図　**02** 3階平面図　**03** 断面図　**04** 2階平面図　**05** 断面図　**06** 1階平面図

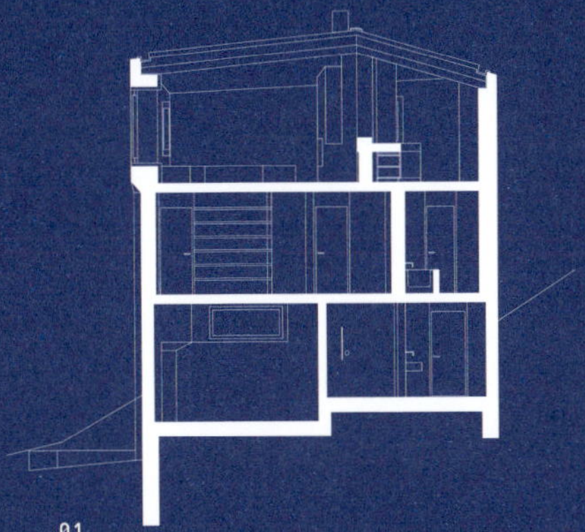
01

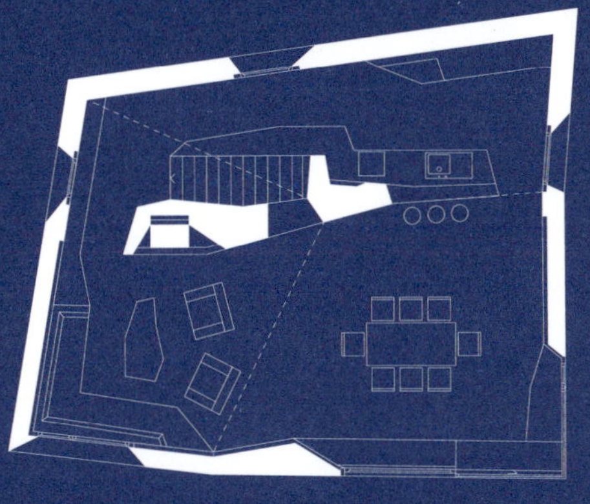
02

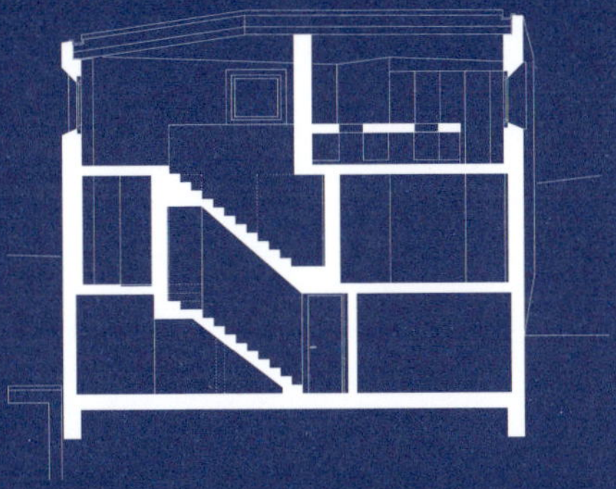
03

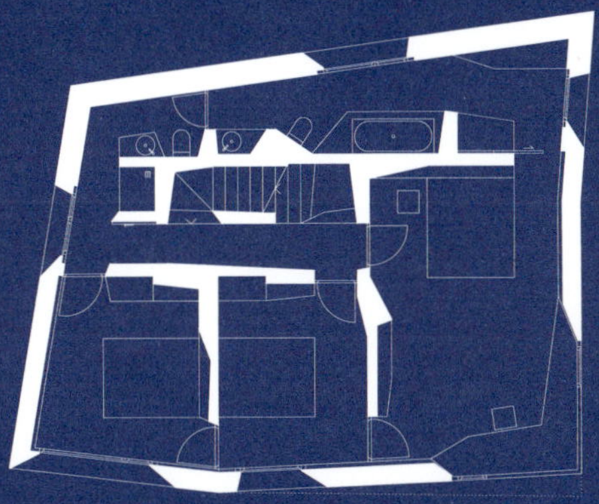
04

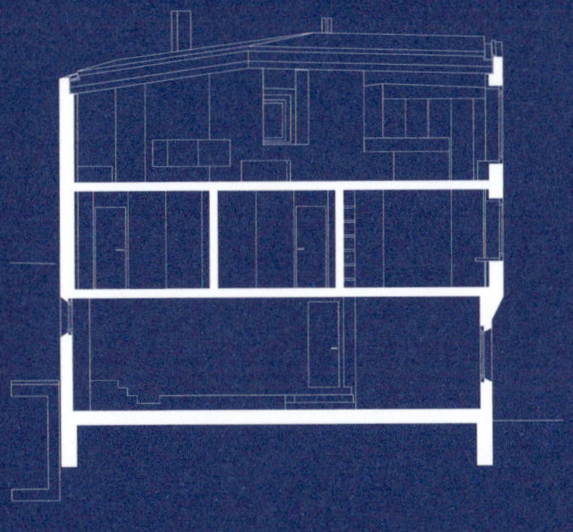
05

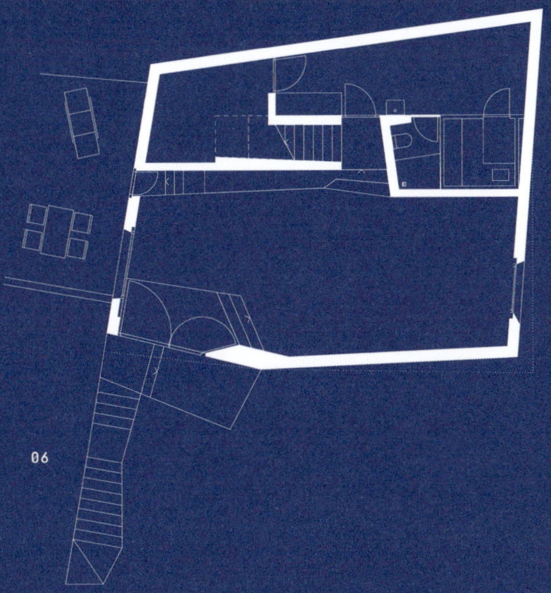
06

001.2

OLD HOSPICE

古い宿泊所

ザンクト・ゴットハルト

P18-21

建築家

MILLER & MARANTA
ミラー&マランタ
Schützenmattstrasse 31
CH-4051 Basel

電話：+41 61 260 8000
電子メール：info@millermaranta.ch
www.millermaranta.ch

他の参加者

プロジェクト・マネージャー：Nils-Holger Haury
土木工学：Conzett Bronzini Gartmann AG
電気工学：Ghidossi Gianfranco SA
冷暖房空調設備：Visani Rusconi Talleri SA
建築物理学／音響：BWS Bauphysik AG
現場管理：CAS Architekten, Altdorf

施主

プロ・サン・ゴッタルド財団、アイロロ
代表：アルヒ・フランコ・ポレッチ

コンペ

2005年

建設年

2008-2010年

プロジェクトの概要

ゴッタルド峠は、スイスで最も重要な山岳交差路として知られている。1623年に建てられた古い宿泊所は、何世紀にもわたって旅人に寝床を提供している。南側正面の窓の様式が異なることからわかるように、この建物は火災、雪崩、戦争のために幾度となく再建され、増築されている。

このプロジェクトの目的は、歴史的建造物の価値をアピールしつつ、旅行者のニーズに応える宿泊施設を提供することである。以前は別々の建物であった教会と宿泊所が、大きな重い鉛の屋根の下に統合されている。今回のプロジェクトでは最近改築された教会には手が加えられていない。宿泊所は内部構造と外部構造を大幅に変えながらも、建物の形は変えることなく、切妻部分の階数を1階増やしている。3階より上の階では、木質系プレハブ工法で内装を一新し、14室の部屋が作られた。1階と2階は再編成され、1階にはエントランス、ロビー、ユーティリティールーム、倉庫があり、半円アーチ形の窓が特徴的な2階は、談話室になっている。

大規模な改築プロジェクトによって、様々な時期に造られた既存の構造が1つのコンパクトな幾何学形に変身している。古い宿泊所の建築様式とそれを象徴する価値観を保持しつつ、現代的な宿泊施設として存在している。

01 断面図　**02** 4階平面図　**03** 南立面図

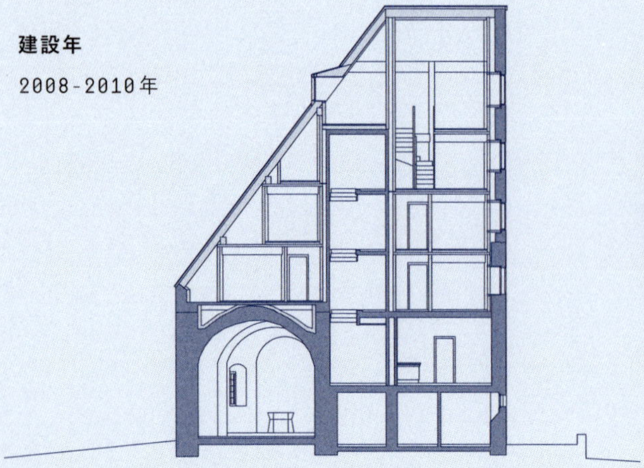

01

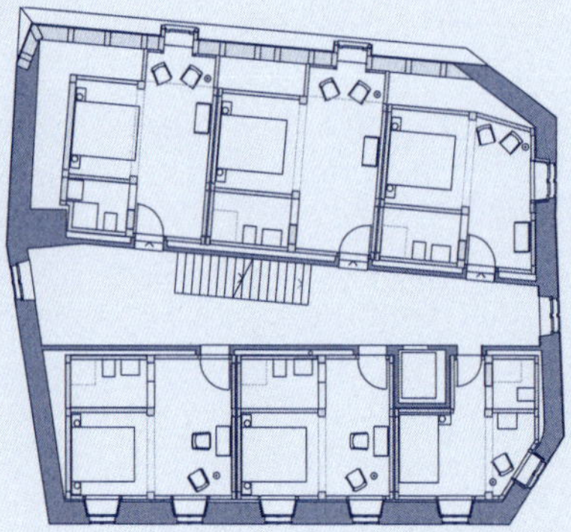

02

03

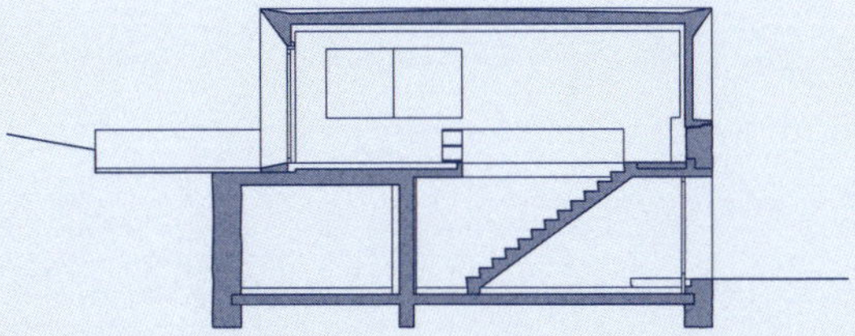

01

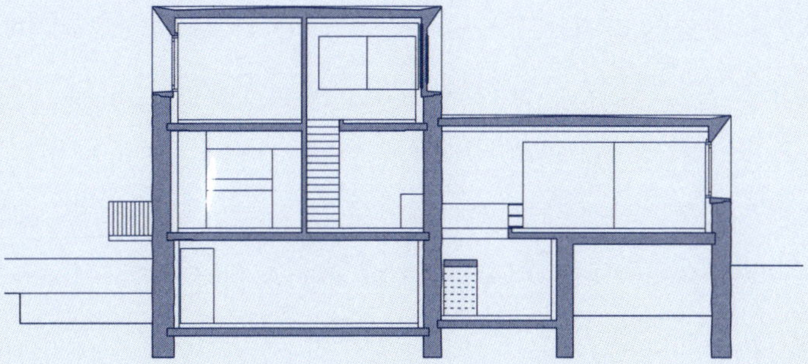

02

001.3

HOUSE IN CHARRAT

シャラの家

シャラ

P22-25

建築家

CLAVIENROSSIER

Rue de Neuchâtel 41
CH-1201 Genève
電話：+41 22 732 4013

Rue de la Pogyre
CH-3979 Grône
電話：+41 79 590 6481

電子メール：info@clavienrossier.ch
www.clavienrossier.ch

他の参加者

土木工学：Philippe Bruchez

建設年

2010年

プロジェクトの概要

スイスアルプスのヴァレー地方にあり、ブドウ園に囲まれた石造りの伝統的な家屋と、それに隣接する納屋を全面改築したものだ。施主の了解のもと、建物の規模を大幅に縮小し、プロジェクトに役立つ部分のみ残された。

結局残されたのは、貯蔵室と石壁のみ。周辺でよく見られるその石壁には、以前までの切妻屋根に代わって、淡色のコンクリートの塊を2つ載せている。互い違いに配されたブロックは平屋根と切り子面の壁で構成され、どちらの壁も、地面に垂直な大きな窓に向かって内側に切り込んでいる。このような幾何学的な窓廻りと、その下のどっしりとした石の壁がバランスよく見えるよう考えられている。

限られた内部空間を最大限活用するために、廊下はなく、各部屋は直接つながっている。これに加えて、上階の大きな窓が周囲の風景を室内に取り込み、見通しの良さを増幅してくれる。

もとの建物を軽視しているわけではない。むしろその逆を目指したこのプロジェクト。この建物のすべての構成要素は、新旧の対比があってこそ成立している。

01 断面図　**02** 断面図

001.4

VILLA VALS

ヴィラ・ヴァルス

ヴァルス

P26-31

建築家

CHRITIAN MÜLLER
クリスティアン・ミュラー
Delftseplein 36
3013 AA Rotterdam
The Netherlands
電話：+31 10 213 6763

Schwemmiweg 7
CH-8880 Walenstadt
Switzerland
電話：+41 76 648 2494

電子メール：mail@christian-muller.com
www.christian-muller.com

SeARCH
Hamerstraat 3
1021 JT Amsterdam
The Netherlands
電話：+31 20 788 99 00

電子メール：info@search.nl
www.search.nl

他の参加者

構造工学：Conzett Bronzini
Gartmann AG; Ingenieurbüro Kilchmann

建設年

2007-2008年

プロジェクトの概要

このアルプスの小さな村で、建築家たちはこの土地の建築基準の範囲内で環境との遊び心ある関係を自由に追求している。一部分が地下に隠れた別荘は、近隣の民家からは見えない。しかし反対側からは、アルプスを一望することができる。

この建物が土地に「根をおろしている」のは、地中に埋まっているかのようなその佇まいにおいてだけではなく、地元のコミュニティとの関わりにおいても同様だ。プロジェクト実現に当たっては、建築請負業者をはじめ、多くの地元業者の手を借りている。ヴァルスの建築の伝統が生かされ、ファサードには地元の珪岩が使われている。ヴィラには、この地方でよく見られる小さな山小屋からコンクリートの長い地下トンネルを通って入る。

部屋の配置は、窓の不規則な配置に良く馴染む。テラスに面した1階にレセプションと寝室があり、上階の寝室は離れの部屋のように見える。設備においては環境を意識し、地熱ヒートポンプ、熱交換、水力発電力などの地球に優しいシステムが採用されている。持続可能な別荘というコンセプトのもと、貸別荘として最適な状態で使い続けられるように考えられている。

スイスやアルプス地方の伝統的な木造家屋である「シャレー」の型にはまることなく、休暇用の宿泊施設の形式にとらわれないプロジェクトだ。

01 断面図　**02** 上階平面図　**03** 下階平面図

01

02

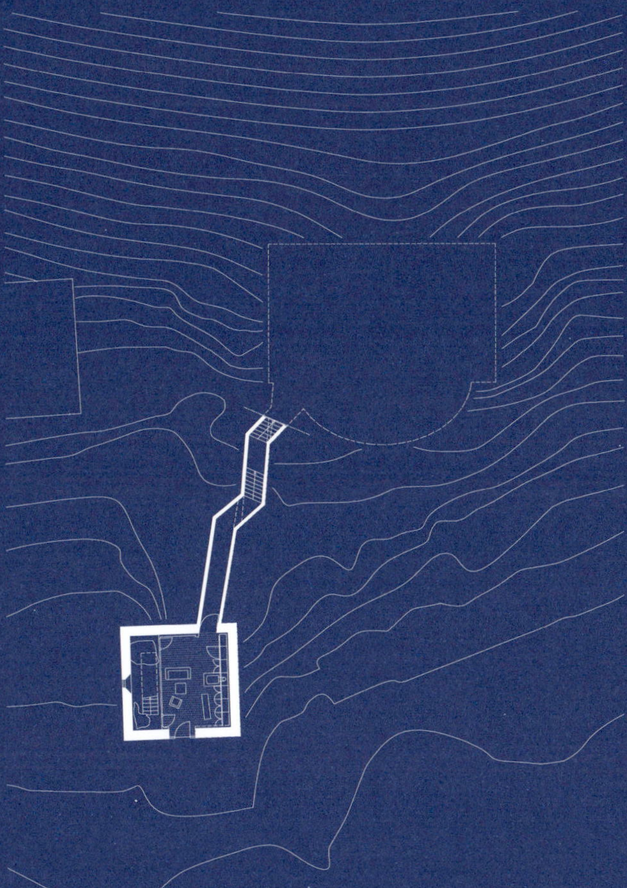

03

001.5

CARMENNA CHAIRLIFT STATIONS

カルメナ・スキーリフト・ステーション

アローザ

P32-35

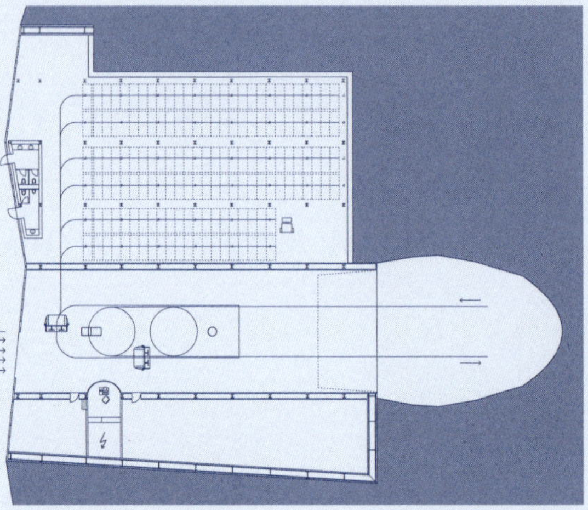

01

建築家

BEARTH & DEPLAZES
ベアルス&デプラゼス
Valentin Bearth, Andrea Deplazes, Daniel Ladner
Wiesentalstrasse 7
CH-7000 Chur
電話：+41 81 354 93 00

Wolfgang-Pauli-Strasse 15
CH-8093 Zurich
電話：+41 44 633 3682

電子メール：info@bearth-deplazes.ch
www.bearth-deplazes.ch

他の参加者

スキーリフトの建設：Garaventa
土木工学：Fredy Unger
鉄骨構造：Mesag
環境監視：Marko Brandtト

施主

アローザ・ベルグバーネン

企画

2000年

建設年

2000-2001年

プロジェクトの概要

アローザのカルメナ・スキーリフトの下駅、中間駅、上駅は、よく似たデザインの建造物の集合体だ。このスキーリゾートでは、持続可能な環境保護に力を入れている。3つの駅は、スキーリフト施設の技術的要件を満たすだけでなく、環境保護に気を配って建設されている。地形にはめ込まれた控えめなデザインのおかげで、眼下に広がるアルペンスキーリゾートの他の小規模建築ともうまく共存している。

下駅は鉄骨の枠組みで構成され、金属板に包まれている。テントのような形の屋根は、そこに広がる地形に継ぎ目なく溶け込んでいる。冬は雪に覆われて屋根が隠れ、夏は屋根の上に草が生える。下り坂に面した半透明のファサードはサンバイザーのようだ。上り坂に面した反対側のファサードは地面にあいた穴のように見え、そこからリフトが飛び出して行く。

上駅は下駅とは対照的で、尾根と垂直に建てられている。上駅は典型的なテントの形をしている。自己支持型の構造棒が三角形のトンネルを形作り、裏面はガラス張りだ。どちらの鉄骨構造も内部には明るい色の木板が張られ、周囲の自然とまばゆいコントラストをなしている。

01 1階平面図　**02** スキーリフト上駅断面図
03 スキーリフト中駅立面図　**04** キーリフト下駅断面図

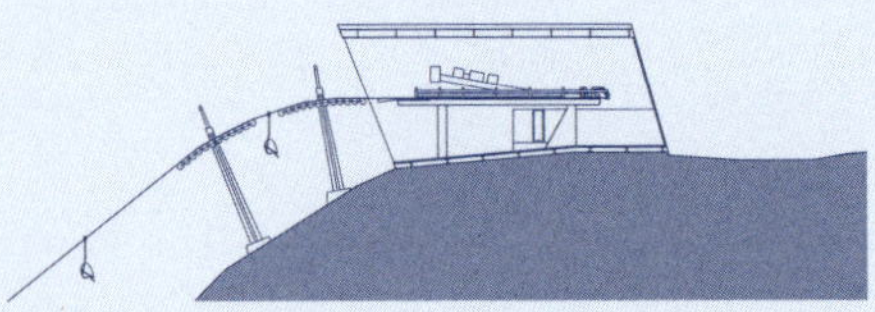

02

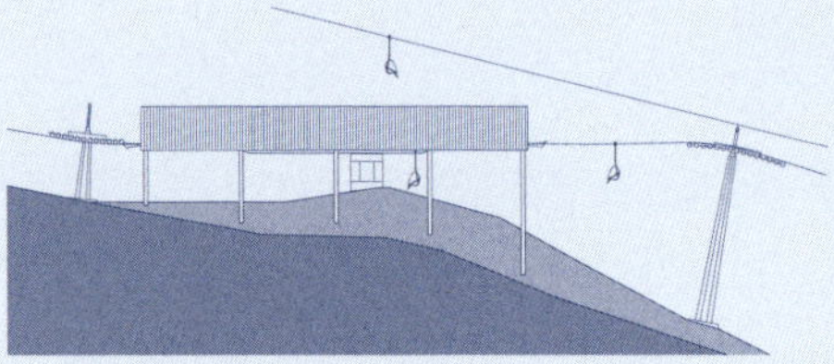

03

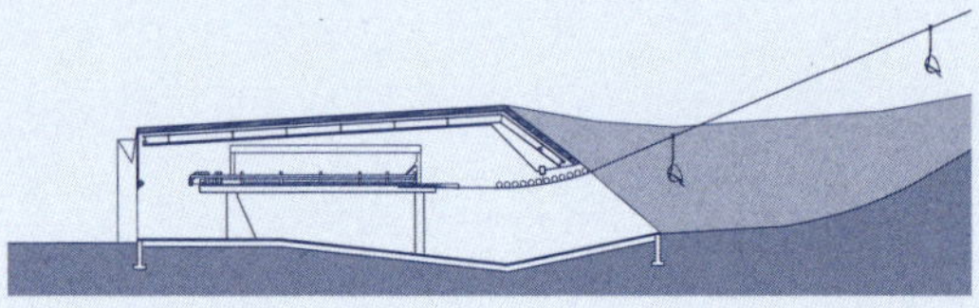

04

001.6

REFUGI LIEPTGAS HOLIDAY HOME

フリムス

P36-37

建築家

NICKISCH SANO WALDER
Via Davos 22
CH-7017 Flims

電話：+41 81 911 20 28
電子メール：selinawalder@flims.ch

他の参加者

工学：Reto Walder

建設年

2013年

プロジェクトの概要

フリムスは台地にあり、約10,000年前に生じた大きな崖崩れの結果この壮観な地形が生まれた。このリゾートの北側はフリムサーシュタインの圧倒的な岩肌が支配し、南側はライン渓谷まで深い森が続いている。

森の入り口の木陰に、小さなコンクリートの小屋が建っている。古い崩れかかった丸太小屋があったところに、丸太小屋の性格を受け継いだ一枚岩のような小屋が建てられた。以前の小屋のエッセンスを保ちつつ、単なる伝統的な木のバンガローの再建に終わらないものを造ろうと、建築家たちは根本的に異なるアプローチを選択した。もとの丸太の壁を新しいコンクリート構造の型枠として使い、外壁に木目の印象を残している。

その結果、生活空間として使えるスペースが随分と狭くなった。空間の縮小を補い、現代のニーズに合った構造にするために、地下室が増築された。小屋は用途の異なる2つのエリアで構成され、1階が生活空間で、地下が寝室と浴室になっている。窓は3つのみで、それぞれ違った景色が見えるように設計されている。自然光が意図的に遮られており、屋内に漂う雰囲気から、「隠れ家」と呼ばれている。

01 1階平面図　**02** 地階平面図図　**03** 断面図

01

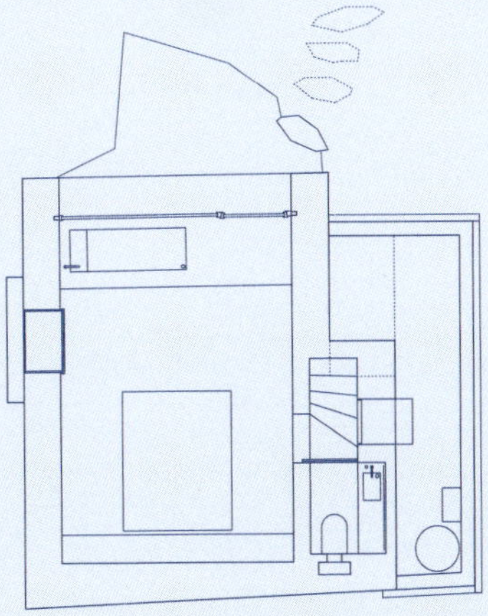

02

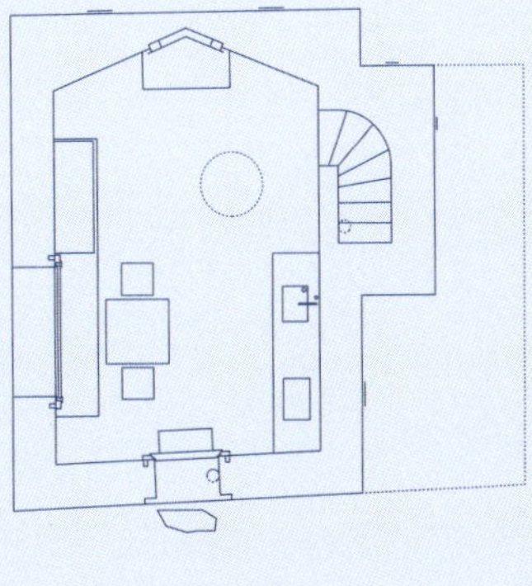

03

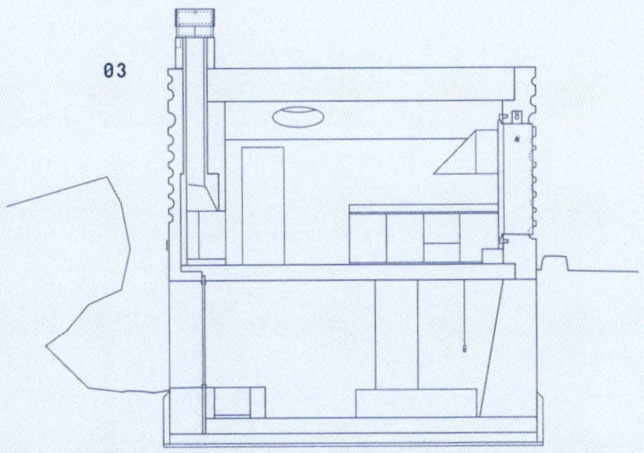

001.7

COVERAGE OF ARCHAEOLOGICAL RUINS OF THE ABBEY OF ST-MAURICE

サン・モーリス修道院の遺跡の浮き屋根

サン・モーリス

P38-39

建築家

SAVIOZ FABRIZZI ARCHITECTES
サヴィオ・ファブリッツィ・アルシテクト
Rue de l'Industrie 23
CH-1950 Sion

電話：+41 27 322 6881
電子メール：info@sf-ar.ch
www.sf-ar.ch

他の参加者

土木工学：Alpatec SA, Martigny
鉄骨構造：Zwahlen & Mayr SA, Aigle

施主

サン・モーリス修道院

コンペ

2004年

建設年

2010年

プロジェクトの概要

近年、古代から続くサン・モーリス修道院の敷地で考古学的発掘が行われ、古代ローマ・初期キリスト教時代の建造物跡が発見された。これらの建造物は、外敵から修道院を守るために断崖のすぐ横に建てられていた。しかし時が経つにつれて、この敷地の選択は得策でないことがわかった。何世紀にもわたって幾度も岩が落下し、建物に損害を与えたからだ。最終的に、17世紀に崖から少し離れたところに新しい修道院が建てられた。

現在、この遺跡は新しい浮き屋根によって守られており、170トンの石で浮き屋根に重しがつけられている。この岩の重りは、さらに山崩れが起きるのを防ぐ一方で、この場所が常に危険にさらされてきたことを思い出させる。

スチールの浮き屋根は崖から吊るされており、地面にも教会の屋根にも触れておらず、その吊るされている様子を側面から見ると、教会の屋根形状が再現されている。吊るされた広く平らな板は、驚くほど軽量に見え、日光はプレキシガラス※を通って下方に拡散していく。

浮き屋根の石は構造のバランスをとることに役立ち、さらなる落石の影響を軽減している。設計の全体にとって重要な構成要素は、かつて危険をもたらした張本人の石であり、その石が今修道院の考古学的遺跡を守っている。

※透明度が高く加熱によって自在な形に加工でき、飛行機の窓ガラスなどに使用されるアクリル樹脂

01 断面図　**02** 北東立面図　**03** 配置図

01

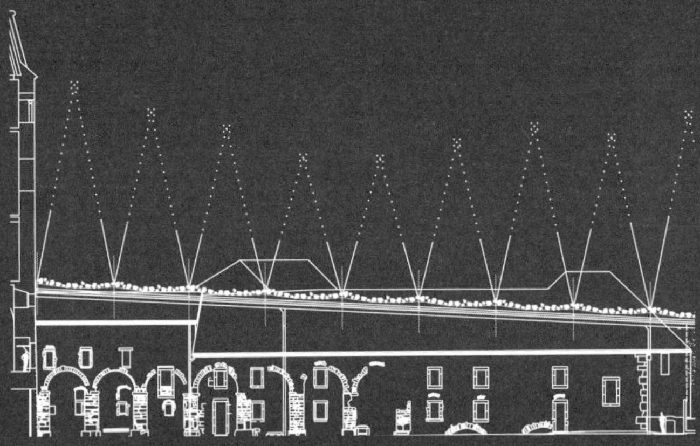

02

03

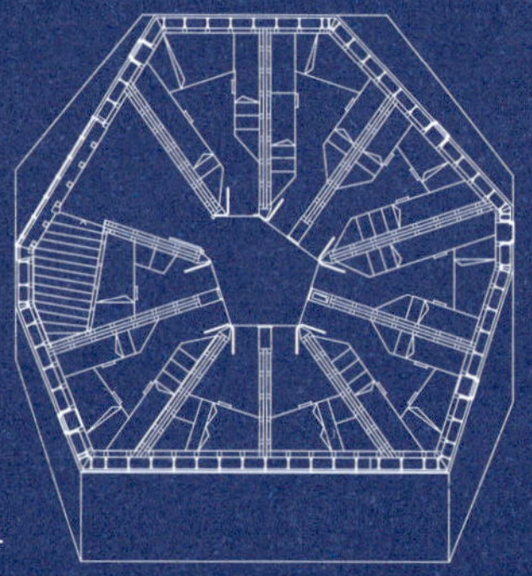
01

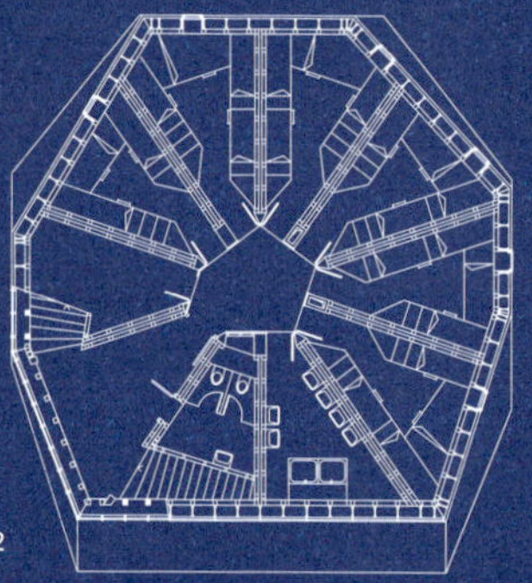
02

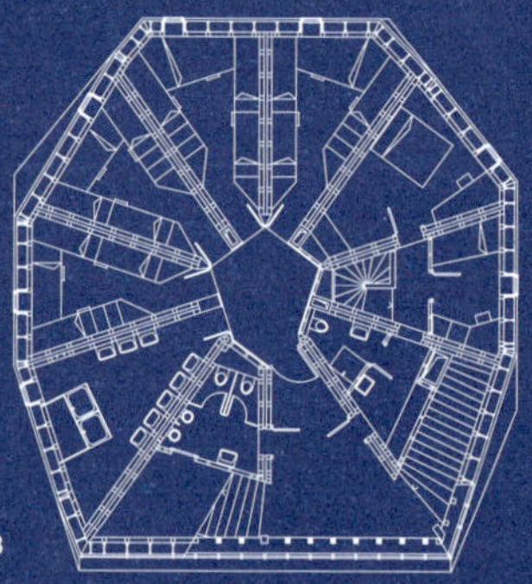
03

04

05

001.8

NEW MONTE ROSA HUT

モンテ・ローザの山小屋

ツェルマット

P40-43

建築家

ETH-STUDIO MONTE ROSA／BEARTH & DEPLAZES

ETH-スタジオ・モンテ・ローザ／ベアルス＆デプラゼス
ヴァレンティン・ベアルス、アンドレア・デプラゼス、
ダニエル・ラッドナー
Wiesentalstrasse 7
CH-7000 Chur
電話：+41 81 354 93 00

Wolfgang-Pauli-Strasse 15
CH-8093 Zurich
電話：+41 44 633 3682

電子メール：info@bearth-deplazes.ch
www.bearth-deplazes.ch

他の参加者

総合計画：スタジオ・モンテ・ローザ ETH
チューリッヒとベアルス＆デプラゼス・アーキテクテン
建設管理：Architektur+Design
エネルギー・建築技術：Lauber Iwisa
施工手順：Architektur+Design

施主

スイスアルペンクラブ、SACセクション・モンテ・ローザ

建設年

2007-2009年

プロジェクトの概要

牧歌的なアルプスを背景に建つ建物というだけでなく、持続可能な高地での建築の研究所としての役割も担っている。このプロジェクトは、独特な建築構成と省エネや資源最適化の革新的な技術開発を結びつけることに成功している。

スイス連邦工科大学チューリッヒ校（ETH）の建築学部とベアルス+デプラゼスが、スイスアルペンクラブと連携してこの建築のコンセプトを考案した。高地の極限状態に対応するように設計されており、厳密な持続可能性基準を満たすように開発された。施工性と機能性の両面から環境への影響を最小限に抑え、光起電性パネルと太陽熱システムを組み入れ、エネルギー消費の90%をまかなっている。

この多角形の建物は光を反射するアルミニウムに包まれており、ちらちら光る氷晶のように見える。不規則な形のファサードはガラスの長いリボンによって分断されている。この窓ガラスのリボンに沿って屋内の階段が配置され、生活エリアから素晴らしい眺望を臨むことができる。海抜2,880mに位置するこのドラマチックな建物は、120名も収容することができる。

01 4階平面図 **02** 3階平面図 **03** 2階平面図 **04** 1階平面図 **05** 地階平面図

INFRASTRUCTURAL
インフラストラクチャー

002.1

OPERA CAR PARK

オペラハウスの駐車場

チューリッヒ

P46-49

建築家

ZACH & ZÜND ARCHITEKTEN
Feldstrasse 24
CH-8004 Zurich

電話：+41 43 336 6010
電子メール：zachzuend@zachzuend.ch
www.zachzuend.ch

他の参加者

プロジェクト管理：Stephan Rist, Iris Tausch
土木工学：Heyer Kaufmann Partner Bauingenieure
ランドスケープ・アーキテクチャー：
Vetschpartner Landschaftsarchitekten
建設管理：Perolini Baumanagement
建築技術：Amstein+Walthert, Gebäudetechnik
総合建設請負業者：Implenia Bau, Marti, Brunner Erben
音響システム：Bakus Bauphysik Akustik
照明システム：d-lite Lichtdesign
ファサード計画：Mebatech; Fassadenplanung
地下工学：Schläpfer&Partner

施主

Parkhaus Opéra（オペラ駐車場）、AMAG／HAG

建設年

2012年

プロジェクトの概要

チューリッヒにあるこのオペラハウスの地下駐車場は、ヨーロッパのベスト地下駐車場にノミネートされた。チューリッヒで最も大きい広場である、ゼヒセレウテンプラッツ広場の再開発を目的とした総合プロジェクトの一環だ。

オペラハウスのすぐ近くにあるこの駐車場は、巨大な地下エリアの2階層を占める。見通しの良さと合理性を指針として設計され、オープンプランの屋内全体に明るい色が使われている。広く間隔を取って支柱が配置されていることで、駐車スペースが広く、ドライバーが車を出し入れする際に周囲がよく見える。オペラハウス自体を拡張するプロジェクトは断念されたが、この駐車場の建築コンセプトはオペラの影響を受けている。それは、壁に付けられたビデオスクリーン、豊富なウェイファインディングシステム※、有線放送のクラシック音楽など、多くの装飾的な手法に見られる。特に、車の出入口の劇場風の設計にオペラのテーマが明白に見られる。

歩行者は、ゼヒセレウテンプラッツ広場の2つの小さなパビリオンから駐車場にアクセスする。2つのパビリオンには、大きさは異なるが、同様の装飾的な仕切りが使用されている。レーザーカットした金属パネルは、テキスタイルデザイナーのヤニーネ・グラフがデザインしたもので、広場と地下の駐車場をつなぎ、調和させる役割を果たしている。

※サインや色彩計画、内装のしつらえ、アート、家具などを活用し、誰もがスピーディに、正確に目的地へたどり着くことのできる、わかりやすい誘導方法

01 地下2階平面図　**02** 地階平面図　**03** 断面図　**04,05** 断面図

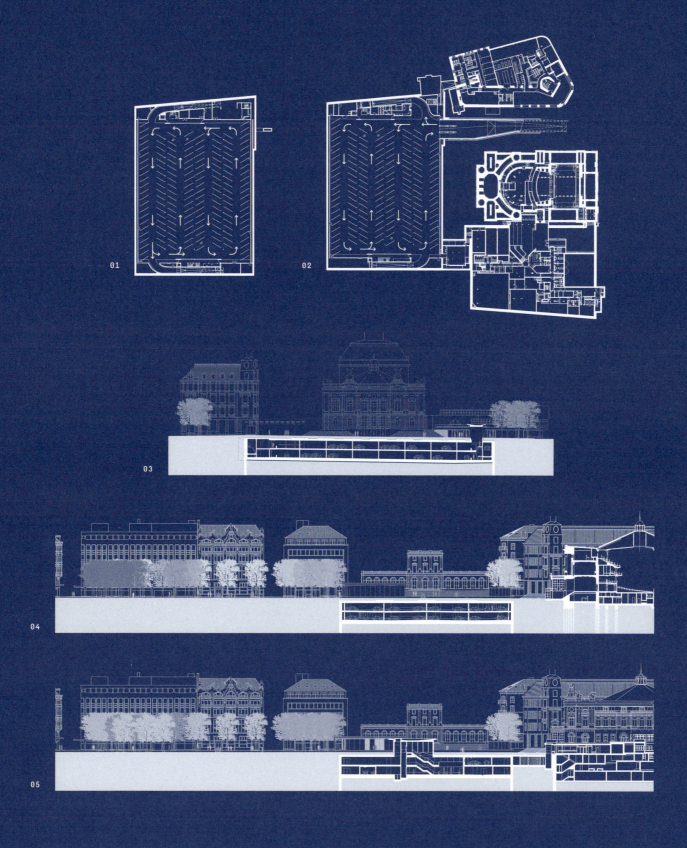

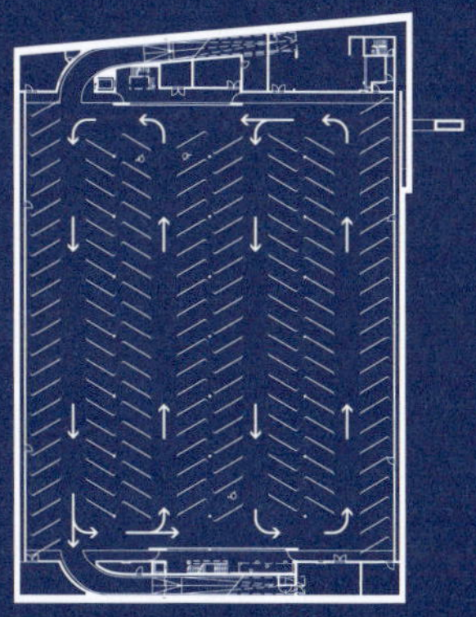

01

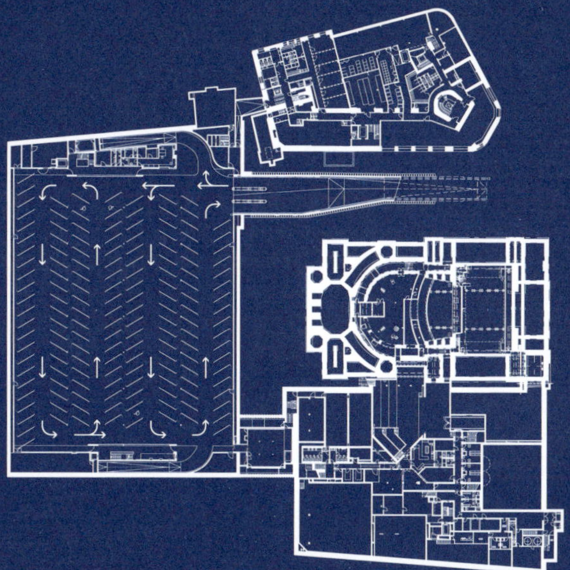

02

03

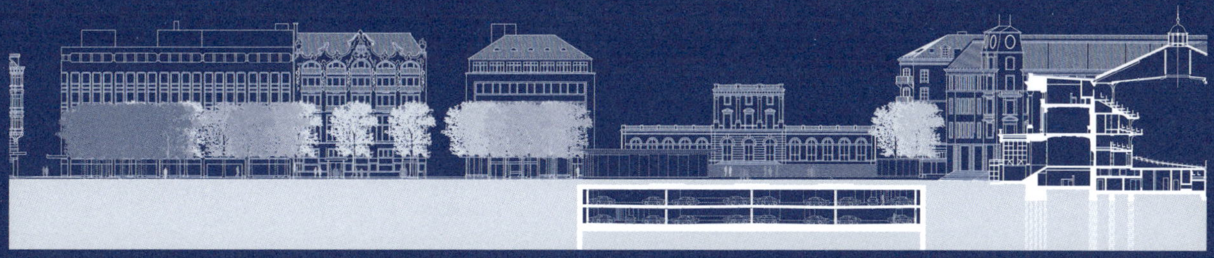

04

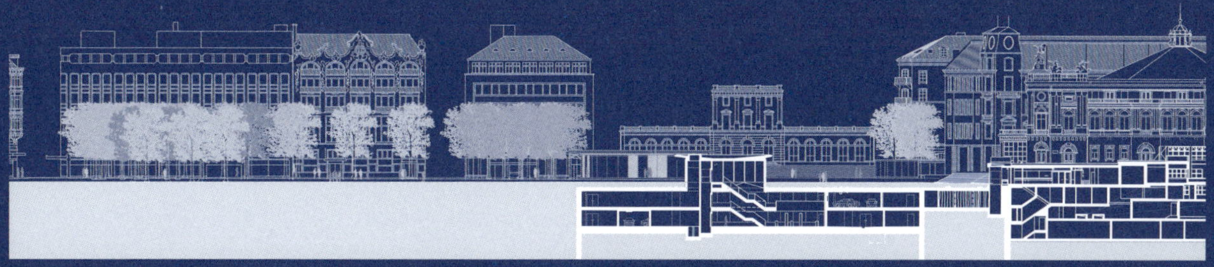

05

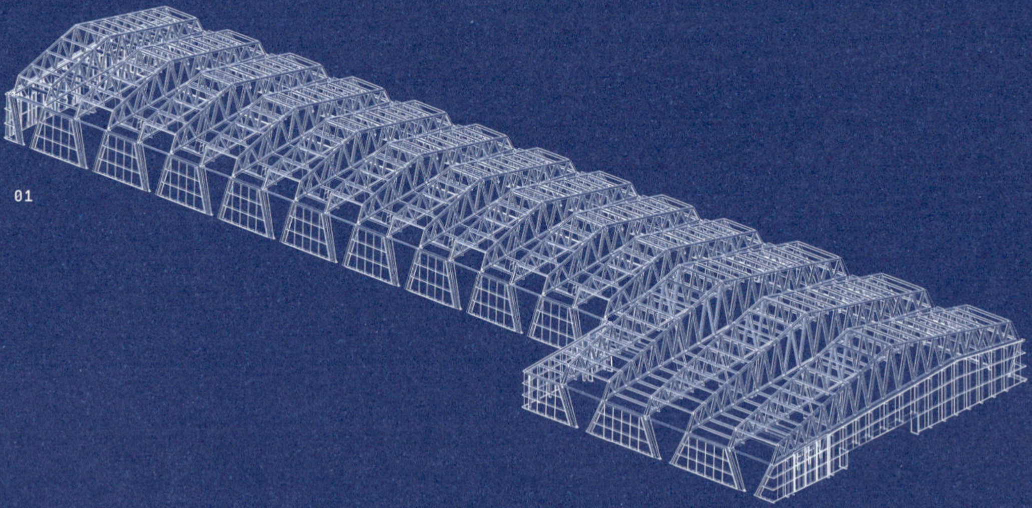

01

02

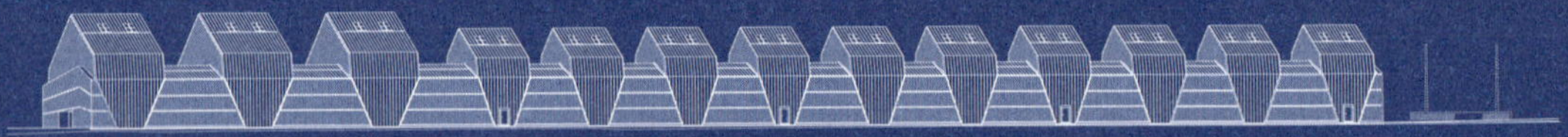

03

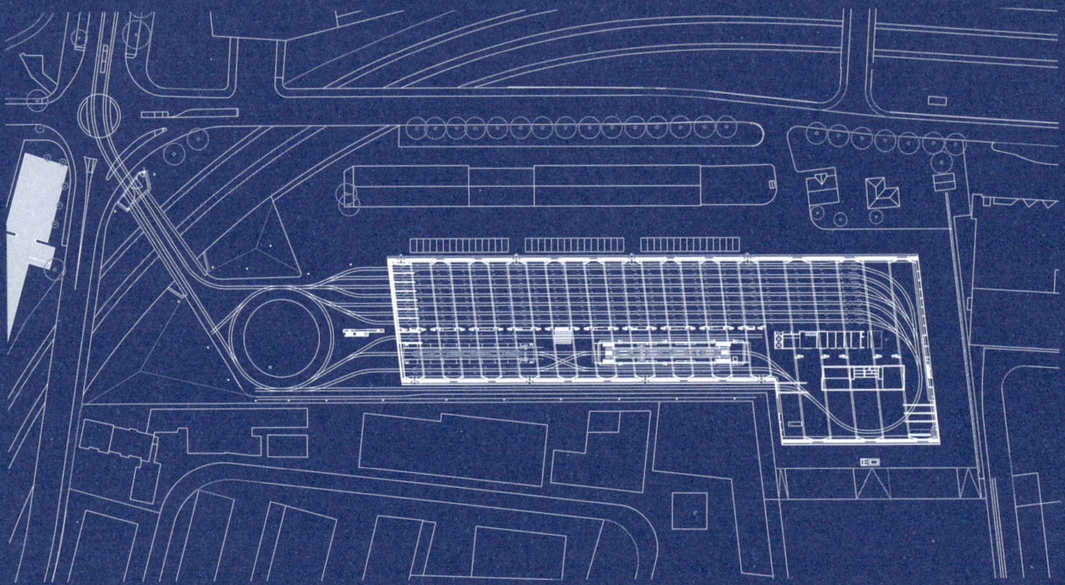

04

002.2

TRAM DEPOT

トラムステーション

ベルン

P50-53

建築家

PENZEL VALIER

Christian Penzel [建築家]
Martin Valier [土木技師]
Grubenstrasse 40
CH-8045 Zurich

電話：+41 43 277 4010
電子メール：mail@penzel.ch
www.penzel.ch

他の参加者

冷暖房空調設備：PGMM Schweiz
セキュリティシステム：Gruner
電気設備：Herzog Kull Group Rail System
建設：Basler&Hofmann; Bernmobil
ランドスケープ・アーキテクチャー：Raymond Vogel Landschaften
プロジェクト管理：TBF+Partner

施主

ベルンモービル、ベルン

建設年

2011年

プロジェクトの概要

土木技師のマーチン・ヴァリエと建築家クリスチャン・ペンツェルの共同作品であるベルンのトラムステーション。様式美と高い技術が凝縮され、構造としても理にかなった建物だ。駅の増築計画においては、第一段階にあたる。新しいホールの構造は、将来的に予定されている2つの拡張によって決定されており、拡張後に大幅に変更されることになる。

この新しいホールのL字型のレイアウトは、46メートルのトラムを収納するための構造である。このプロジェクトは、最大の駐車及び方向転換スペースを得るために、支柱のない巨大なスペースを確保する必要がある。格子状の屋根は、パーキングゾーンとサービスゾーンを隔てる一列に並んだ支柱と、ファサードの一部を形成する垂直の支柱によって支えられている。

対になったV字型の構造材を繰り返し配置することで、ファサードの幾何学的外観が形成されている。構造と光を放つ半透明な外装が一体となり、1つの均一な建造物に仕上がっている。均一でありながら他にはない、水晶のような外観が、実用性が優先される建造物を、開発途上の市街地にとって重要なランドマークにしている。

01 アイソメ図　**02** 断面図　**03** 北立面図　**04** 配置図

002.3

LAKE ROTSEE REFUGE

ロート湖の展望台

ルツェルン

P54-56

建築家

ANDREAS FUHRIMANN & GABRIELLE HÄCHLER
アンドレアス・フーリマン＆ガブリエーレ・ヘーフラー
Hardturmstrasse 66
CH-8005 Zurich

電話：+41 44 271 0480
電子メール：mail@afgh.ch
www.afgh.ch

他の参加者

コンペ：Carlo Fumarola AFGH
プロジェクト・マネージャー：Daniel Stankowski AFGH
建設監督：Schärli Architekten
エンジニアリング：Berchtold＋Eicher
木造構造エンジニアリング：Lauber Ingenieure fur Holzbau＆Bauwerkserhalt
木造建設：1a Holzbau Hunkeler

施主

Naturarena Rotsee、ルツェルン

企画

2012-2013年

建設年

2012-2013年

プロジェクトの概要

ロート湖に浮かぶ彫刻のようなこの建物。毎年3週間だけ扉が開かれ、その用途が明らかになる。木造3階建てで、ボートワールドカップのゴール地点にあり、関係者の展望台の役目を果たす。築50年の建物の代わりに建てられたもので、2016年にオープンした漕艇場の一部である。

湖面にプレハブ工法で建てられたマツ材を使った塔。コンクリートのデッキで岸辺に固定されている。岸辺からデッキと階段を通って入ることができる。3つの階が少しずつずれながら上に積み上げられ、垂直面に凹凸をもつ外観を作り出している。大きな木製の雨戸が段になって積み重なるようすをさらに際立たせ、雨戸をあけると窓とバルコニーが現れる。

このハイブリッドな建造物は、スポーツ施設の要件を満たしている点で実用性も極めて高く、漕艇場の建造物としてランドスケープの新たな基点となっている。同時に、周囲の自然と結びついた表現力豊かな彫刻のようでもある。静かな湖面に映し出される閉ざされた塔は、穏やかな湖畔に溶け込んでいる。

01 1階平面図　**02** 2階平面図　**03** 3階平面図　**04** 断面図

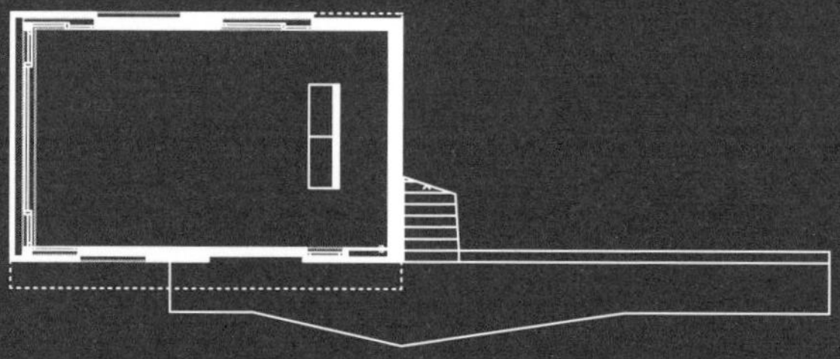

01

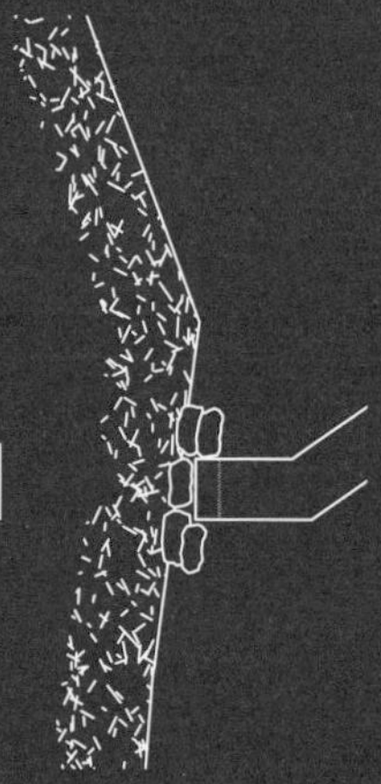

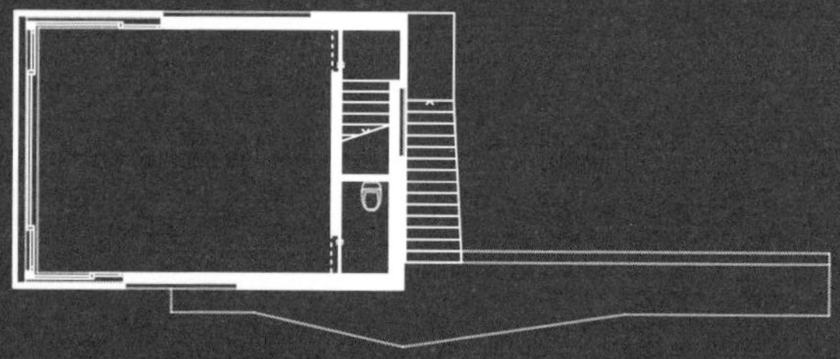

02

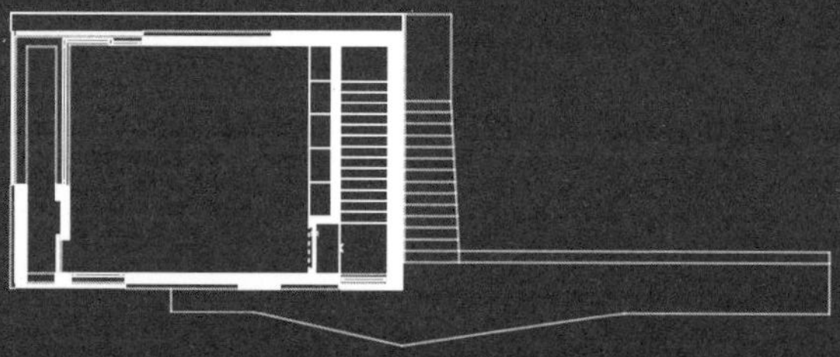

03

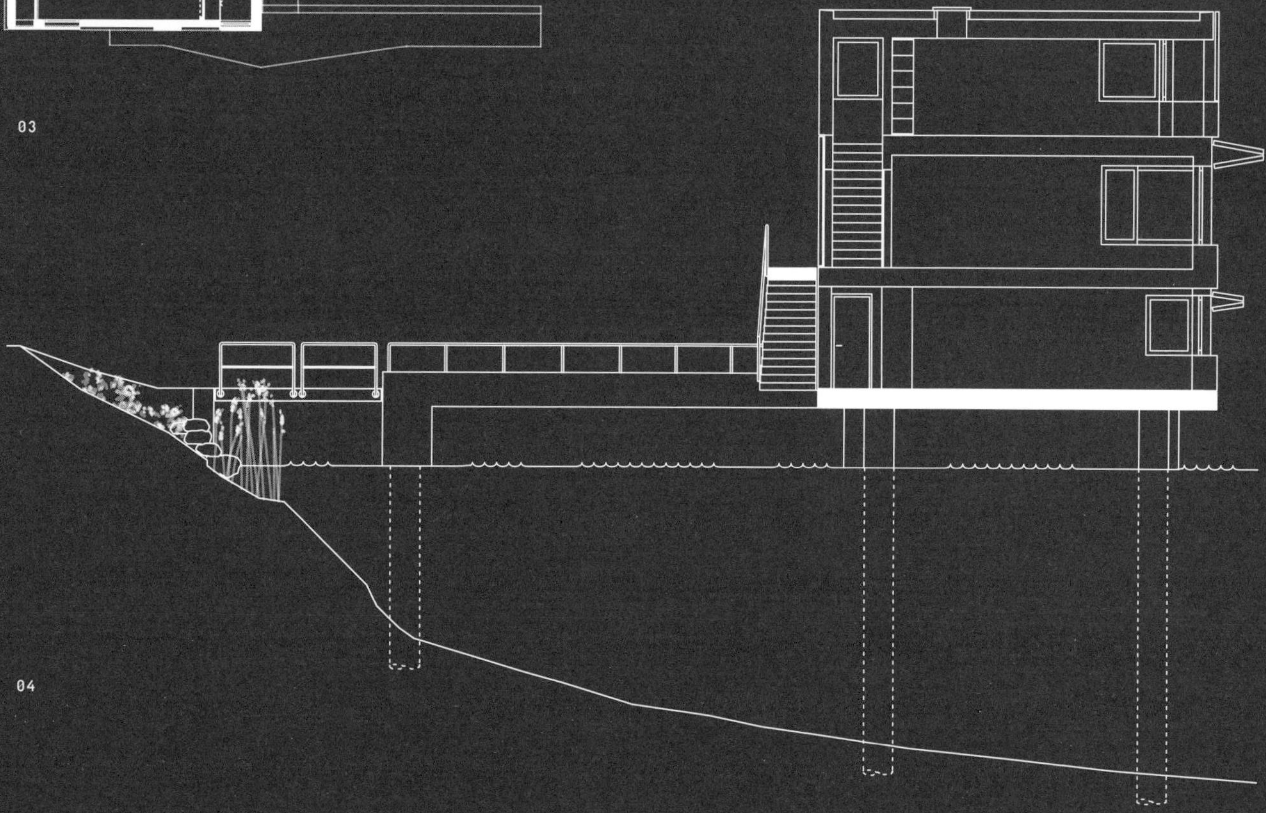

04

002.4

POWER STATION FORSTHAUS

フォルストハウス発電所

ベルン

P56-59

01

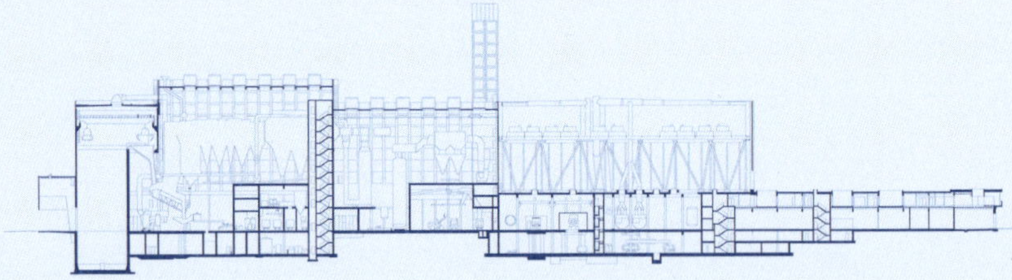

02

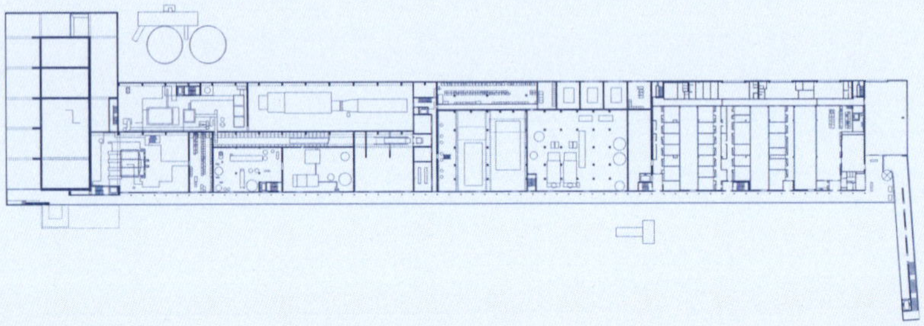

03

建築家

GRABER PULVER ARCHITEKTEN
グラバー&プルファー アルヒテクテン
Sihlquai 75
CH-8005 Zurich
電話：+41 44 381 8818

Gasstrasse 4
CH-3005 Bern
電話：+41 31 318 8818

電子メール：arch@graberpulver.ch
www.graberpulver.ch

他の参加者

現場管理：Akeret Baumanagement
ランドスケープ・アーキテクチャー：Hager Partner
構造工学：Walt+Galmarini
冷暖房空調設備：Waldhauser Haustechnik
プロセス工学：TBF+Partner
輸送システム：TEAMverkehr.zug

施主

Energie Wasser Bern ewb、ベルン

コンペ

2005年

建設年

2008-2013年

プロジェクトの概要

スイスの首都ベルンの外れにある発電所。堂々とした佇まいで、さながら産業大聖堂の観を呈している。そびえ立つ煙突と彫刻のような外観で、準都市のランドスケープに強い存在感を示している。

この革新的なプロジェクトは、廃棄物回収施設、木材燃焼発電所、ガス・蒸気を用いた工場、オフィススペース、見学者センターを統合している。様々な転換プロセスをライン化して、76%の全体効率が得られるように全設備を設置。大規模な計画を必要とした。

プロジェクトを完成するために、建築家とエンジニアは共同で柔軟かつ頑強な構造システムを開発。現場打ちのコンクリートコアと廃棄物施設、テクニカルスペースを取り囲む既成のコンクリートブロックの外層構造を使用した。

一般的な発電所は、目立たないデザインの低層建造物が多いが、本発電所はベルン郊外に圧倒的な存在感を放っている。堂々とした佇まいにすることで、人目を引くインフラストラクチャーを意図的に作り出している。ベルンの入り口に立つ新たなランドマークであるとともに、スイスの再生可能エネルギー生産の象徴でもある。

01 南立面図　**02** 断面図　**03** 3階平面図

002.5

FOOTBRIDGE AREUSE

アルーズの人道橋

ブードリー

P60-61

建築家

GENINASCA DELEFORTRIE
Place-d'Armes 3
CH-2001 Neuchatel

電話：+41 32 729 9960
電子メール：gd@gd-archi.ch
www.gd-archi.ch

他の参加者

土木工学：Chablais et Poffet
金属加工：Steiner
石造建築：Michel Morciano
木工：Tschäppät
金属構造：Technique Metal Sarl

施主

ヌーシャテル州

企画

1999-2002年

建設年

2002年

プロジェクトの概要

アルーズ川に支持材を使わずに架けられた人道橋は、小さいながらもジュラ山脈における工業技術の功績だ。S字型のこの橋は、引張力がはたらき、障害なく水上を渡ることができる。

両岸の異なる地形に対応して人道橋の幅が変化し、さながら有機的な彫刻のようだ。片方の川岸では急斜面、もう一方ではなだらかな地形をなぞり、形を変えながら両岸をつないでいる。

透かし細工の壁と屋根のパターンが、波打つような躍動感あるフォルムを際立たせている。橋を包む木の薄板とスチールが隙間の空いた膜を作り、橋を安全に渡りながら川と両岸の風景を楽しむことができる。

慎重に吟味を重ねた材料と有機的な形のおかげで、周囲の自然とよく溶け合っている。橋のもつダイナミックさや人や自然との親密性が、歩行者たちを引きつけている。

01 配置図　**02** 立面図

01

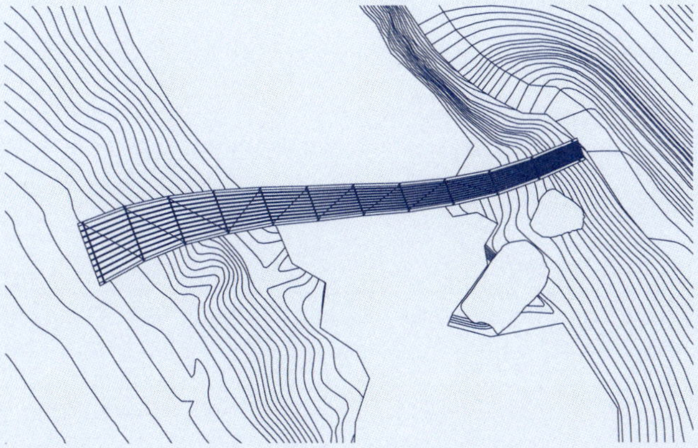

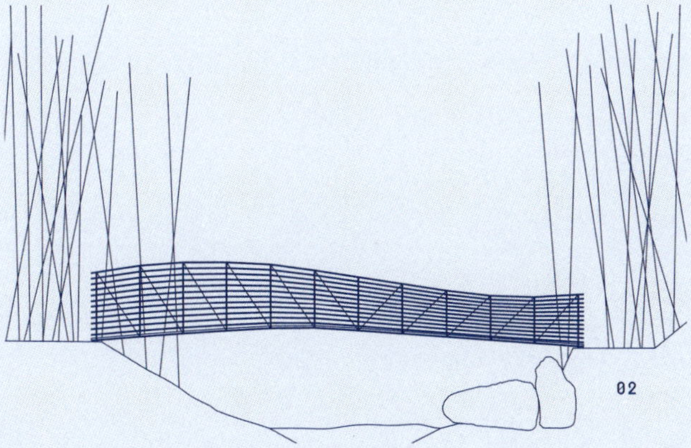

02

002.6

IM VIADUKT

イム・ヴィアドゥクト

チューリッヒ

P62-65

建築家

EMSN ARCHITEKTEN
EM2Nアーキテクテン
Mathias Muller, Daniel Niggli
Josefstrasse 92
CH-8005 Zurich

電話：+41 44 215 6010
電子メール：em2n@em2n.ch
www.em2n.ch

他の参加者

建設管理：b+p Baurealisation
土木工学：WGG Schnetzer Puskas
ランドスケープ・アーキテクチャー：
Schweingruber Zulauf Landschaftsarchitekten
機械工学：Consultair, Sertis Engineering
電気設備：IBG B.Graf Engineering
音響設備：BAKUS Bauphysik+Akustik

施主

PWG財団

企画

2005-2008年

コンペ

2004年

建設年

2008-2010年

プロジェクトの概要

チューリッヒのこの都市型プロジェクトは、スイスの建築法規がますます厳しくなり、設計・企画の要件が増えるなかで、「文化財に指定されたインフラストラクチャーを、経済的な改装を通して、いかに都市の不可欠なものとして溶け込ませることができるか」を示している。

高架橋は単なる橋に留まらない。チューリッヒでは、ランドスケープの一部であり、地図上においても重要な位置を占める。当初は鉄道が走っているだけであった構造物が、今では新しい帯状広場の一部となり、1マイルにわたって文化、商業、娯楽活動が繰り広げられている。

クライス5産業地区の2つのエリアを結ぶ構造物にすぎなかった目障りな障壁が改装され、高架橋に沿って活気のある屋外スペースが生まれている。こうして高架橋が変身することで、都市開発が前進している。近くで働いたり、買い物をしたり、遊ぶ人々のネットワークをまとめるスケールの大きな存在に生まれ変わった高架橋は、新たな機能と結びつき、共生している。

高架橋の用途は変わったが、特徴となる大きな石造りのアーチは、依然として重要な建築要素だ。新たに加える建築要素をあえて制限することで、既存のアーチが強調されている。同様に、建物の内部は、使用者が自分の空間を自由にアレンジできるように、あまり手が加えられていない。

01-05 断面図　**06** 1階平面図　**07** 南立面図

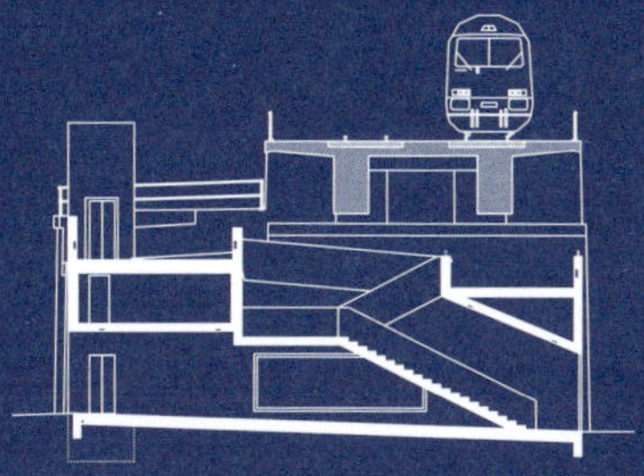

01

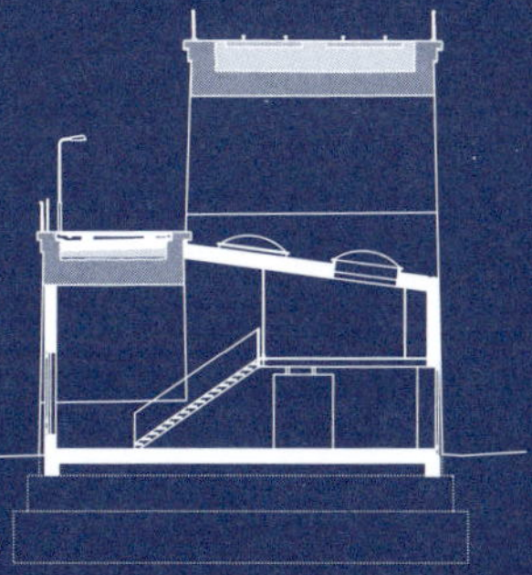

02

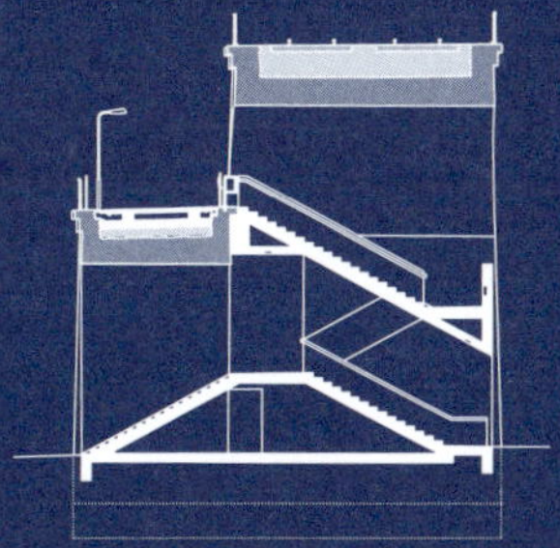

03

04

05

06

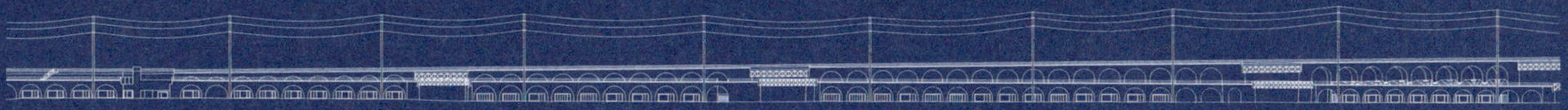

07

002.7

FIRE HOUSE II TRAINING CENTER

第 2 消防署トレーニングセンター

オプフィコン

P66-67

建築家

STAUFER & HASLER
シュタウファー＆ハスラー
Industriestrasse 23
CH-8500 Frauenfeld

電話：+41 52 723 0808
電子メール：info@staufer-hasler.ch
www.staufer-hasler.ch

他の参加者

土木：ACS Partner
電気工学：EBP Ernst Basler Partner
冷暖房空調設備：Gerber Haustechnik
建築物理学：Muhlebach Partner
消防設備：Kidde Fire Trainers
コンクリート部材：SAW Spannbetonwerk

施主

チューリッヒ市不動産部門建築部
Nicole Weber

建設年

2009-2011年

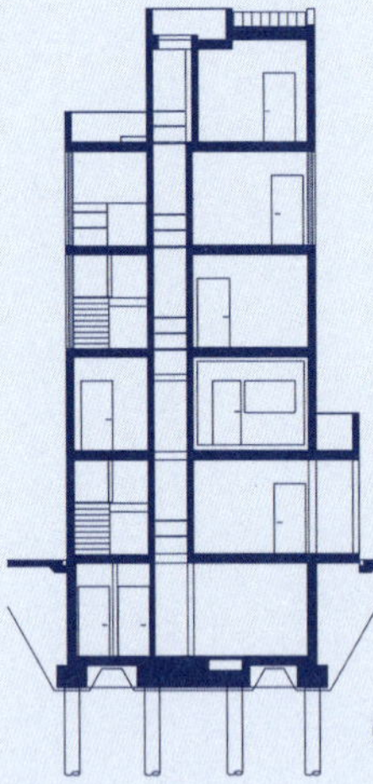

01

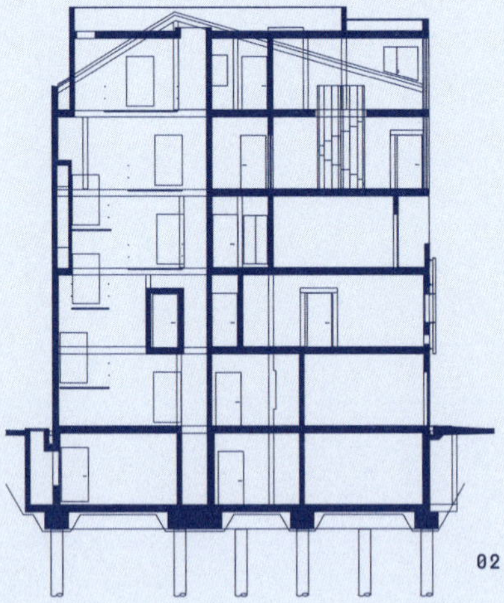

02

プロジェクトの概要

この新しい“Brandhaus”（消防署）は、チューリッヒ地区の消防士に最適な訓練環境となるように設計されており、11の異なる火災現場が想定され、火災と救出のシナリオが遠隔操作で提供される。

消防士の訓練をできるだけ難しくするために、屋内は迷路のようなレイアウトになっている。2つの異なるパートに分けられ、それぞれが建物の最高高と同じ高さの階段吹き抜けとサービスシャフトを中心に構成されている。各階は同じ基本計画（階段、ロビー、火災室）に従っているが、機能は異なり、消防士は住宅のシナリオだけでなく、産業施設や地下駐車場のシナリオにも直面することになる。

コンパクトななかに、様々な要素が凝縮されている。異なる形状の屋根、バルコニー、窓が使われているため、様々に捉えられる外観だ。外層に絶縁材を施してないため、ファサードから構造組成がはっきりとわかり、未完成の建物のように見える。それが、既製コンクリートに残る火事の痕によって強調され、見ただけでこの建物の機能がわかる。

01 断面図　**02** 断面図

002.8

VIEWING PLATFORM CONN

コン展望台

フリムス

P68-69

建築家

CORINNA MENN
コリンナ・メン
Gauggelistrasse 1 CH-7000 Chur
Zweierstrasse 100 CH-8003 Zurich

電話：+41 81 250 5830
電子メール：info@corinnamenn.ch
www.corinnamenn.ch

他の参加者

クリスチャン・メン（教授、博士）とベンツィガ・パートナー

プロジェクトオーナー

フリムス市

コンペ

2005年

建設年

2006年

プロジェクトの概要

グラウビュンデン州のオルタ遺跡は、壮大な石灰岩の断崖とライン川に落ちる険しい渓谷が続く素晴らしいランドスケープだ。絶壁から380メートル上、森を背にコン展望台が断崖の上に優雅にたたずんでいる。

コンペの構想では断崖の上の硬い岩の上に展望台を建てることになっていたが、メンは、断崖の端ぎりぎりの場所に展望台を建てることにした。松とスチールでできた構造は、最小限の静的耐力で成立している。2本のまっすぐなスチールの支柱と階段でできたタワーが、展望台を支えている。崖の上のコンクリート基盤に据え付けられたタワーはケーブルで固定され、三角形のデッキは別のケーブルでタワーから吊り下げられている。

展望台は、周囲の木に近い色の材を用い、それ自身があたかも森の延長であるかのように周囲の自然に溶け込んでいる。その中で、デッキ部分だけが際立って見える。他の部位より色の薄いカラマツでできており、空に浮くさまは、飛び立とうとしている鳥のようだ。

01 北立面図　**02** 東立面図

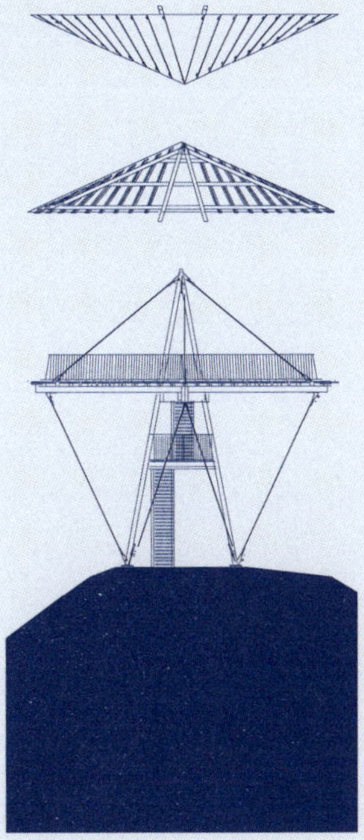

01

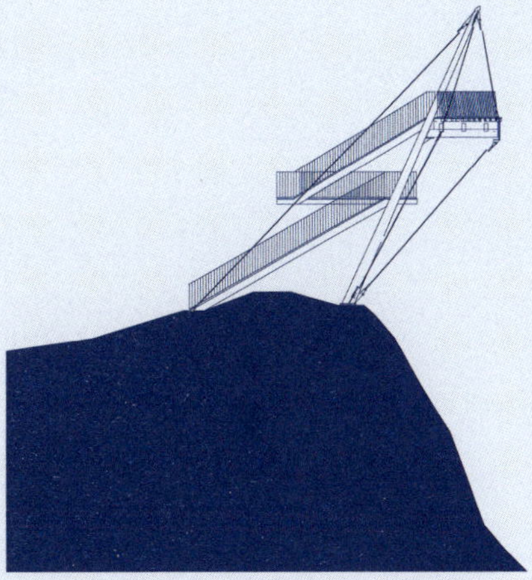

02

RECREATIONAL

休暇のための場所

003.1

GARDEN PAVILION

ガーデン・パビリオン

コンフィニョン

P74-77

建築家

DREIER FRENZEL

ドライア・フレンツェル
Avenue du Rond-Point 18
CH-1006 Lausanne

電話：+41 21 510 1220
電子メール：info@dreierfrenzel.com
www.dreierfrenzel.com

他の参加者

土木工学：RLJ Ingenieurs Conseils

建設年

2009年

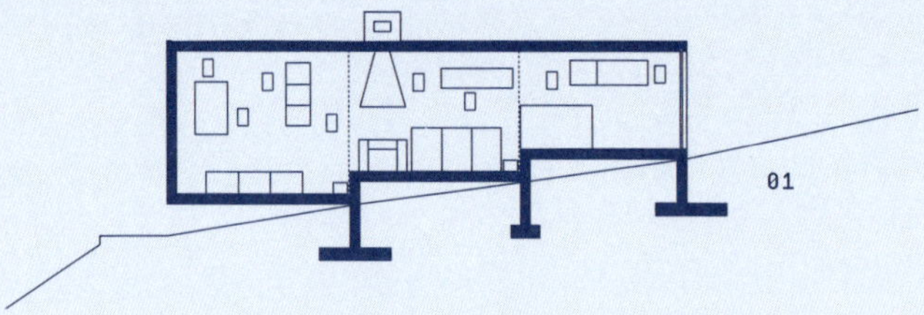

01

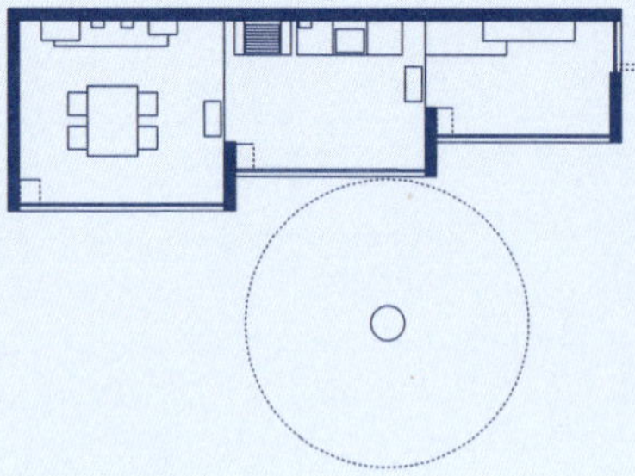

02

プロジェクトの概要

私有地の斜面に建てられているこのパビリオン。ジュネーブ郊外のコンフィニョンに位置する。1990年代に建てられた既存のヴィラだけでは、ジュネーブ湖を見渡せる一方で、庭との繋がりをあまり感じられなかった。コンクリートでできたシンプルなパビリオンは、庭に置かれた大きな家具のようで、庭とのダイレクトな結びつきが感じられる。

3つのユニットが斜面の地形に応じて配置され、各ユニットの下端のみが地面と接触している。コンクリートのキャビネットが芝生の上に浮いているように見え、その軽量感は既存の住宅の堅固な佇まいとコントラストをなしている。

直線上に並んだ大きさの異なる3つのユニットが相互に連結し、パビリオンを形成している。各ユニットにはそれぞれ機能がある。一番上のユニットは貯蔵室、真ん中はキッチン、一番下はリビングルームだ。コンクリートの外観を和らげるために、内装は全て木でできている。南側のファサードはアコーディオンドアで、天気がよい日に開け放てば、庭と一体となった心地よさをさらに感じられる。

01 断面図　**02** 平面図

003.2

REUSSDELTA TOWER

ロイスデルタの塔

ゼードルフ

P78-81

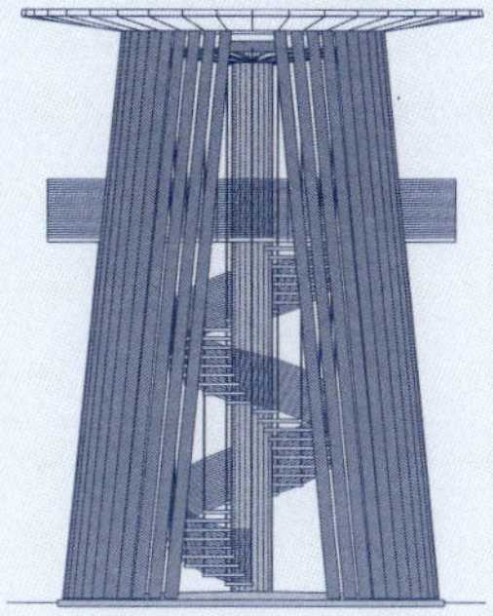
01

建築家

GION A. CAMINADA
ジョン・A・カミナダ
ETH Zurich
Departement Architektur
Atelier Gisel
Streulistrasse 74a
CH-8032 Zurich

電話：+41 44 633 2878
電子メール：caminada@arch.ethz.ch
www.caminada.arch.ethz.ch

他の参加者

木材工学：Pirmin Jung Ingenieure fur Holzbau
土木工学：Projekta
木造建築：Gebruder Bissig Holzbau

施主

ウーリ州、ロイスデルタ委員会

建設年

2012年

プロジェクトの概要

中央スイスの中心に位置するロイスデルタ。大きな湖と山並みが印象的だ。穏やかな湖に山々が映り、鳥がさえずるなか、近くの高速道路から唸るような車の音が聞こえてくる。この対照的な経験が独特な雰囲気を作り出している。

水辺の真ん中に、小さな観察塔が立っている。施工方法が建物形状に反映されており、その施工方法は使用した材によって決定されている。

ファサードは48本のヨーロッパモミの幹で作られた円柱構造で、そこに装飾的な屋根が載る。中央の柱を取り囲む展望台と螺旋階段はこの屋根から吊るされ、外装の幹にも取り付けられている。このように、デザインの全ての要素が互いに支え合うことで成り立っている。また、手摺りと4つの展望デッキは、地元のかご編み職人の作品だ。

観察塔は、ジョン・A・カミナダと地元の職人の密な共同作業の成果だ。地元の材料と伝統工法を用いて設計され、ロイスデルタの人工的なランドスケープと調和している。

01 立面図　**02,03** 階段平面図　**04** 展望台平面図　**05** 屋根伏図

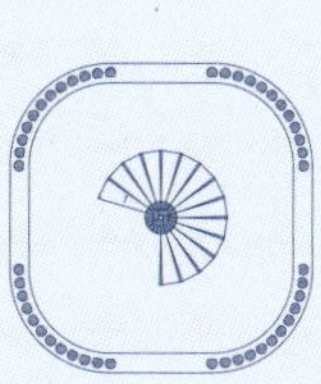
02

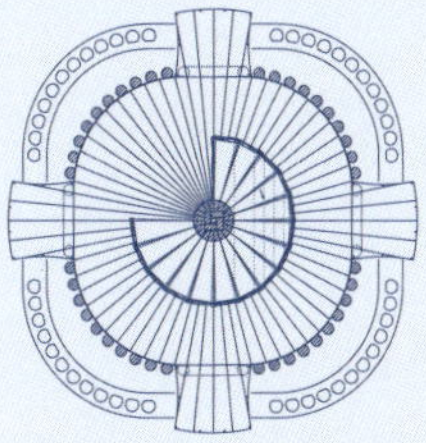
03

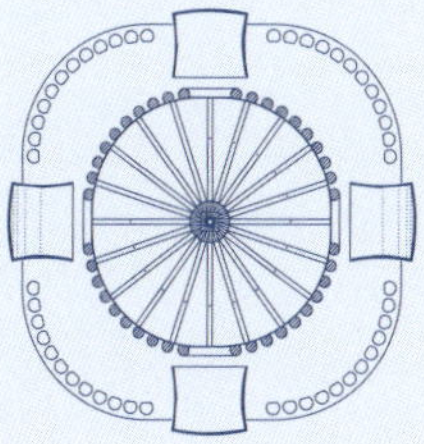
04

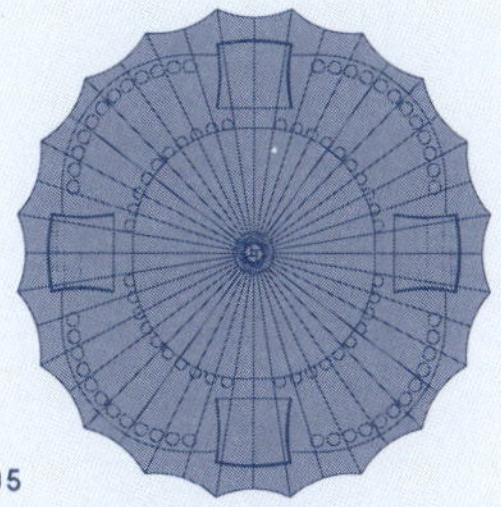
05

003.3

VISITOR'S CENTRE COLOMBIRE

コロンビールビジターセンター

モラン

P82-85

建築家

FRUNDGALLINA
Rue du Plan 3
CH-2000 Neuchatel

電話：+41 32 725 3770
電子メール：info@frundgallina.ch
www.frundgallina.ch.com

他の参加者

土木工学：BISA - Bureau d'ingénieurs
エネルギー概念：Michel Bonvin

施主

Association of the Hamlet of Colombire
（コロンビール村協会）

コンペ

2005年

建設年

2008-2010年

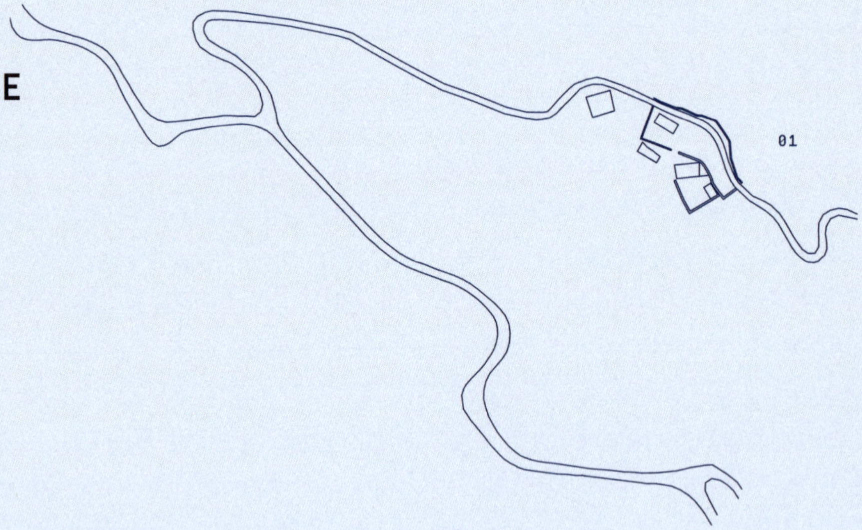

01

プロジェクトの概要

ペンニネアルプス山脈に位置するビジターセンターとレストラン。コロンビール・エコミュージアムの付属施設である。このミュージアムは高地のアルプス放牧地の生活に関連した文化遺産を展示している。

この建物は2層構造で、敷地の地形をうまく利用した独創的な空間配置が目を引く。下階の直線的な空間の大半は地下にあり、屋根がテラスの役目を果たしている。上階は非対称の小さなパビリオンで、やや傾斜した屋根の2つの煙突が目を引く。

コンクリートの小型の角柱には、森に面した大きな窓がはめこまれている。ゲストは、上階から階段を下りて細長いダイニングに入る。片側の大きなはめ殺し窓で切り取られる山々のパノラマが、このダイニングの特徴だ。キッチンと設備は、ダイニングの動線を妨げないように部屋の片側に配置されている。

屋根・壁・床と全てのパーツをコンクリートでシンプルに表現することで、統一感があり、簡潔な形が作り出せる。急進的で無機質なコンクリートが、アルプス地方でよく見られる伝統的な山小屋建築と好対照をなしている。

01 配置図　**02** 1階平面図　**03** 地階平面図　**04-07** 断面図

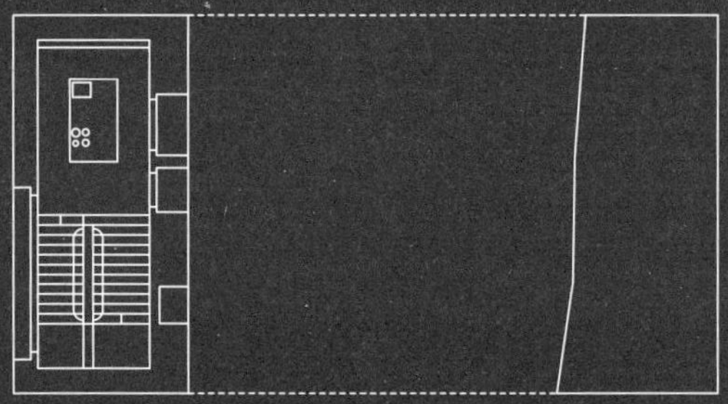
02

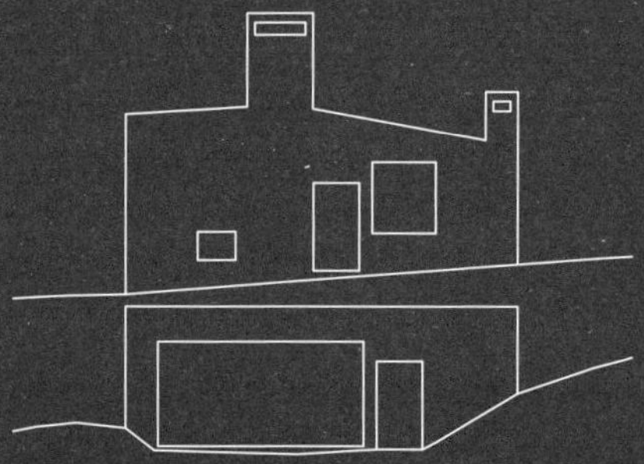
05

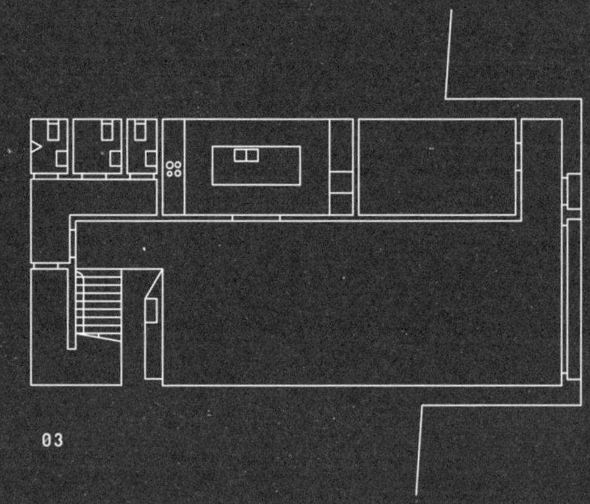
03

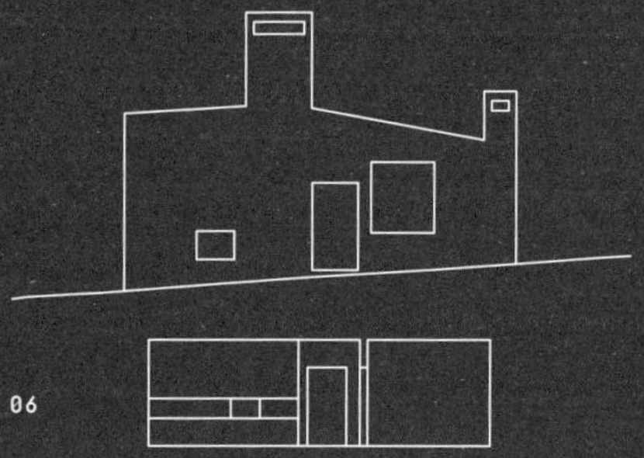
06

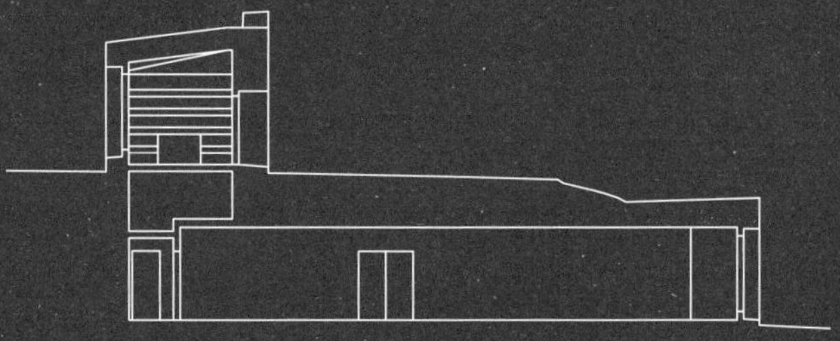
04

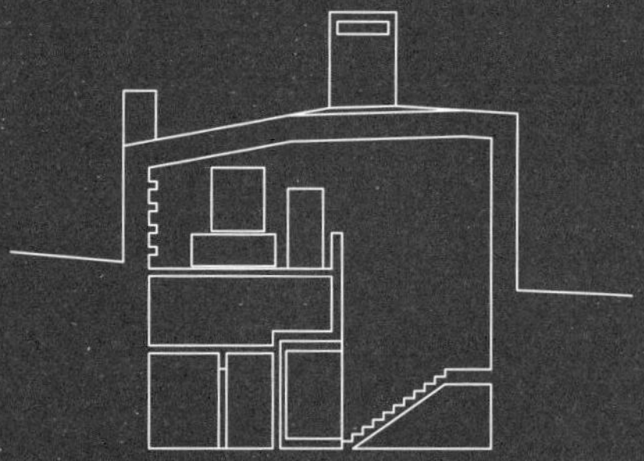
07

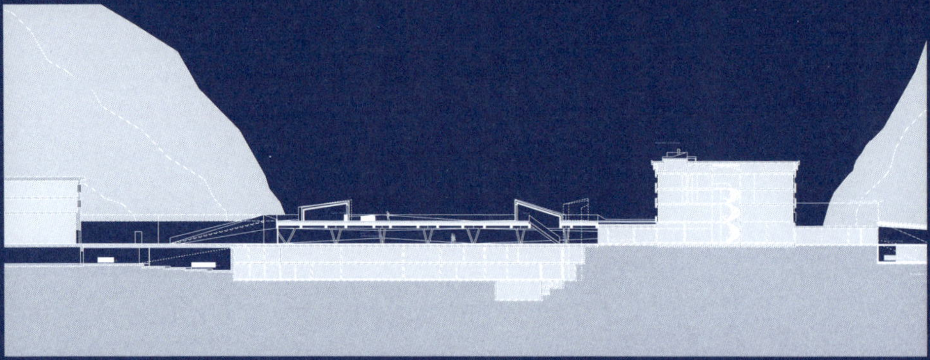

01

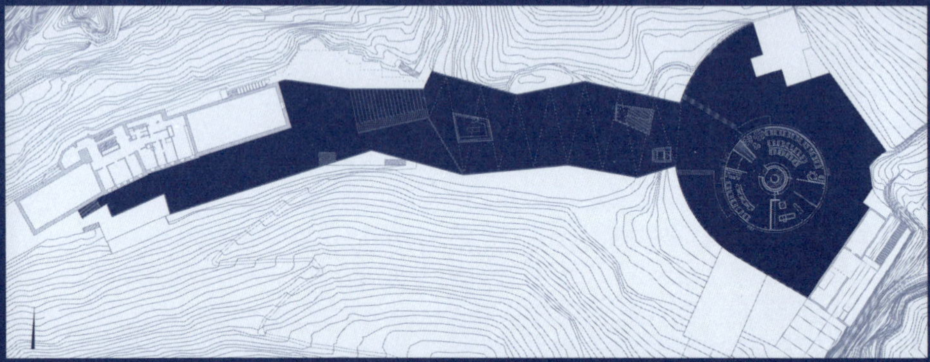

02

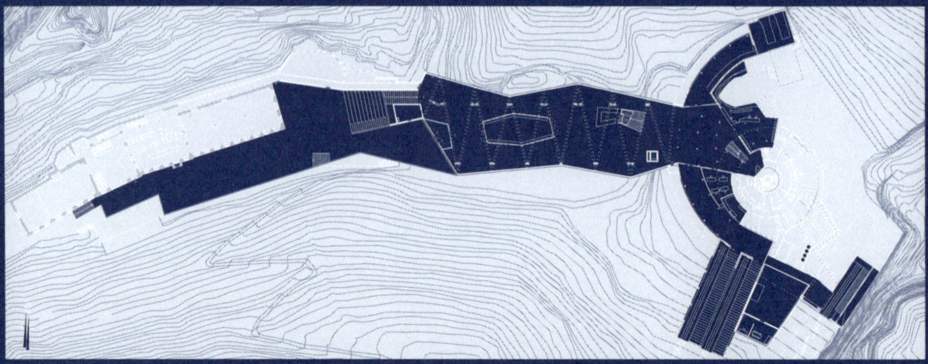

03

04

003.4

PANORAMA GALLERY MOUNT PILATUS

ピラトゥス山パノラマギャラリー

クルム

P86-91

建築家

GRABER & STEIGER
グレーバー&シュタイガー
ニクラウス・グレーバー、クリストフ・シュタイガー
Alpenstrasse 1
CH-6004 Lucerne

電話：+41 248 5010
電子メール：mail@graberundsteiger.ch
www.graberundsteiger.ch

他の参加者

建築管理：Jurg Gabathuler, Architect
エンジニア：Dr Schwartz Consulting

施主

ピラトゥス鉄道

コンペ

2008年

建設年

2010-2011年

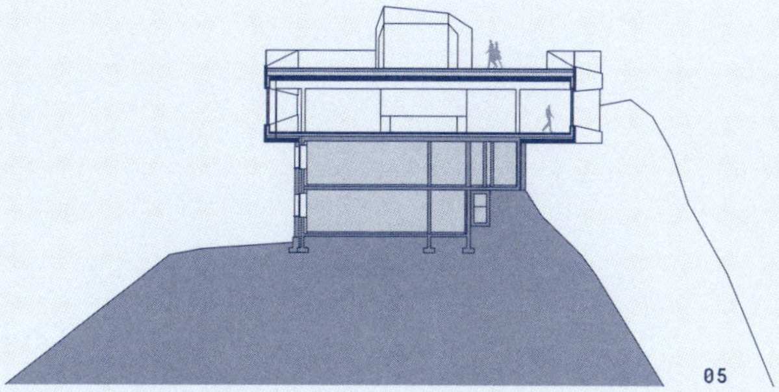

05

プロジェクトの概要

ピラトゥス山の2つの山頂に挟まれた尾根に位置し、この駅にある最近改装された2つのホテルを結んでいる。北側はルツェルン、南側はアルプスの素晴らしい眺めが広がっている。

ギャラリーへは鉄道でアクセスでき、長いガラスのファサードとルーフテラスは、ホテルの連絡通路であるとともに、人々がくつろいで景観を楽しむスペースでもある。バーやショップも併設されていて、伝統的な建築スタイルをうまく取り入れつつ、新しさを併せ持つ現代建築だ。

鉄筋コンクリート造の角の多い建物形状は、ピラトゥス山の起伏の多い地形からインスピレーションを得ている。ギャラリーは岩肌に沿って延び、場所によっては目がくらくらするような谷間に架け渡されている。そのため建物の形は不規則で、ゴツゴツした外観が岩に囲まれた周囲の壮観な光景に馴染んでいる。

01 断面図　**02** 2階平面図　**03** 1階平面図　**04** 地階平面図　**05** 断面図

003.5

TITAN EXTENSION HISTORICAL MUSEUM

歴史博物館の大増築

ベルン

P92-95

建築家

:MLZD

Mattenstrasse 81
CH-2503 Biel/Bienne

電話：+41 32 323 0472
電子メール：office@mlzd.ch
www.mlzd.ch

他の参加者

構造計画：Tschopp Ingenieure
建設管理：saj Architekten
建設請負人：Bill Baut

施主

ベルン歴史博物館財団

コンペ

2001年

建設年

2006-2009年

プロジェクトの概要

ベルンのミュージアム地区の外れにある。盛土の敷地に建てられた、アンドレランバート設計の復古的なデザインの博物館の隣に、大増築が行われた。増築部分は、展示ホールと市の保管庫という異なる二つの要素で構成されている。

敷地形状を最大限に生かし、盛土の下に大きな展示ホールが作られ、そのホールの屋根が既存の建物に面した広場となっている。地下にはオフィスと保管庫があり、保管庫は2つの階に渡っている。

広場の南東の角には、高さ19メートルの建物が建てられた。ところどころくぼみのあるコンクリートの建物に、市の保管庫や読書室・オフィス・図書館が入っている。通りと同じ高さの別の入り口から入ると、南側正面に滝のような長い階段があり、5つの階をつないでいる。北側のガラス張りのファサードは、まるで鏡のように、もともとの博物館を継ぎ目なく映し出している。

独特な外観のみならず、既存部分との呼応も増築部分の魅力だ。薄い黄色のコンクリートのファサードは、歴史博物館の砂岩を参考にしており、くぼみのパターンは古代の石彫りを彷彿させる。増築部分の高さは復古的な建物との調和を図り、新旧が優雅に一体化され、古い建物への敬意が現れている。

01 断面図　**02** 断面図　**03** 配置図

01

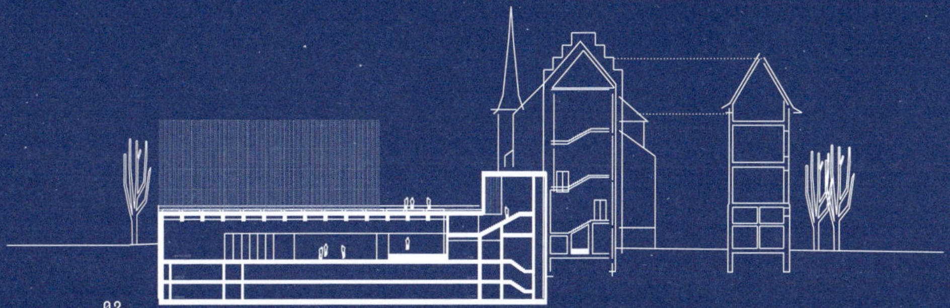

02

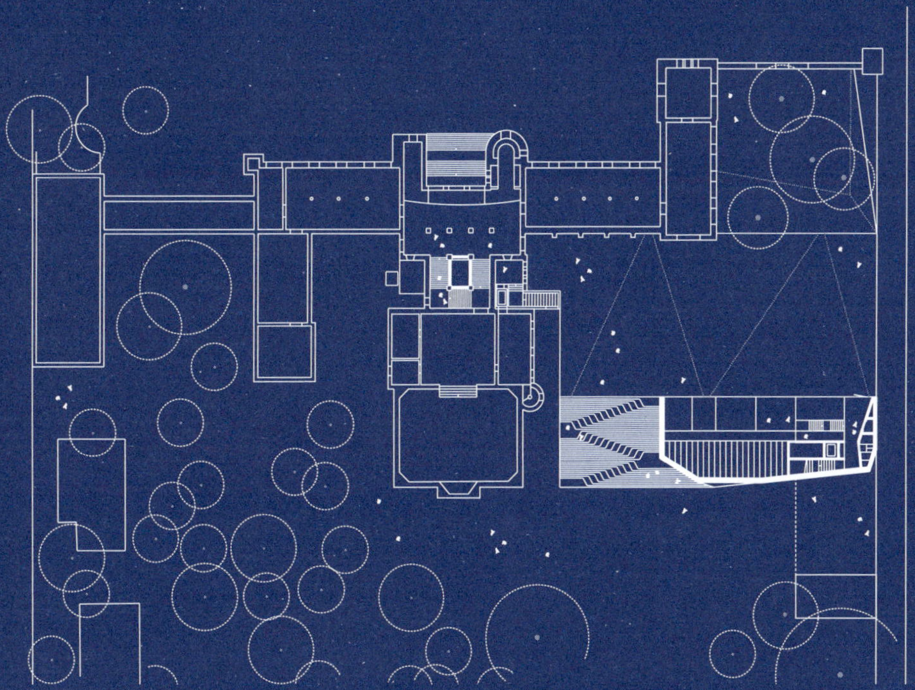

03

003.6

GREENHOUSE BOTANICAL GARDENS

植物園の温室

グリューンゲン

P96-99

建築家

idA BUEHRER WUEST ARCHITEKTEN

Nordstrasse 139
CH-8037 Zurich

電話：+41 44 383 1180
電子メール：i@id-a.ch
www.id-a.ch

他の参加者

建設管理：
BBP Architekten Buhrer Brandenburger & Partner
鉄骨構造：Tuchschmid
冷暖房空調設備：Gysi Berglas
太陽光保護：Guggenberger

プロジェクトオーナー

Zürcher Kantonalbank Zurich（チューリッヒ州の銀行）
グリューンゲン植物園基金

建設年

2011-2012年

プロジェクトの概要

グリューンゲン植物園の熱帯植物のための温室。森を切り開いてできた空き地に傘を広げたようなその形は、森の延長のように見える。木々の構造にインスピレーションを得て、周囲の自然環境に呼応する建築物を目指して考案された。

温室を構造的に支えるまっすぐな柱は木の幹のようで、長さの異なる12本の金属のリブに枝分かれしている。4本の支柱が異なる角度に枝を出し、複雑で不規則な六角形のキャノピーを作り、その頂部はぐるりとスチールでつながれている。スチールでつながれてせり出した部分は温室の屋根となる部分ではないので、ペアガラスが連なる窓はスチールの形状とは異なる軌道を描いている。

屋内は、一つながりの空間に植物が配され、湿度と温度が自動調整されている。高性能のペアガラスを使用するとともに、屋根には三角形のブラインドを、ドアと窓には換気口を設け、展示している亜熱帯植物にとって申し分のない環境に整えられている。

01 屋根伏図　**02** 断面図

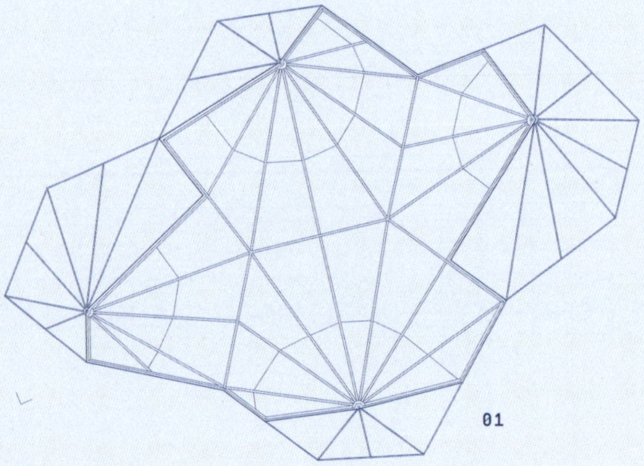

01

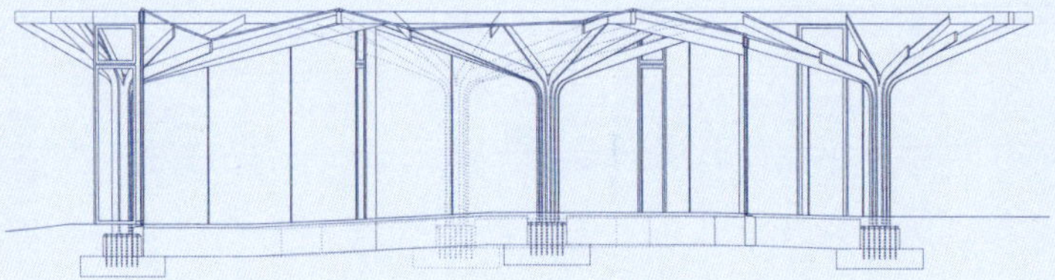

02

003.7

ELISABETHEN PARK CAFÉ

エリザベーテン・パーク・カフェ

バーゼル

P100-101

建築家

CHRIST & GANTENBEIN

クリスト＆ガンテンバイン

Spitalstrasse 12

CH-4056 Basel

電話：+41 61 260 9020

電子メール：ail@christgantenbein.com

www.christgantenbein.com

他の参加者

ランドスケープ・アーキテクチャー：Vogt Landschaftsarchitekten

構造設計：zpf Ingenieure

プロジェクトオーナー

バーゼルシュタット建築企画部

建設年

2011年

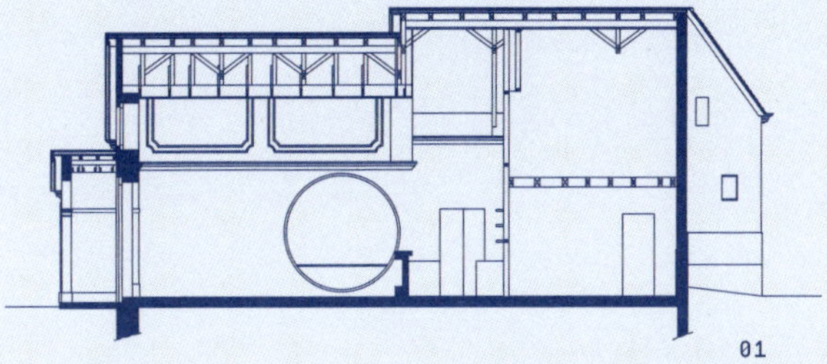

01

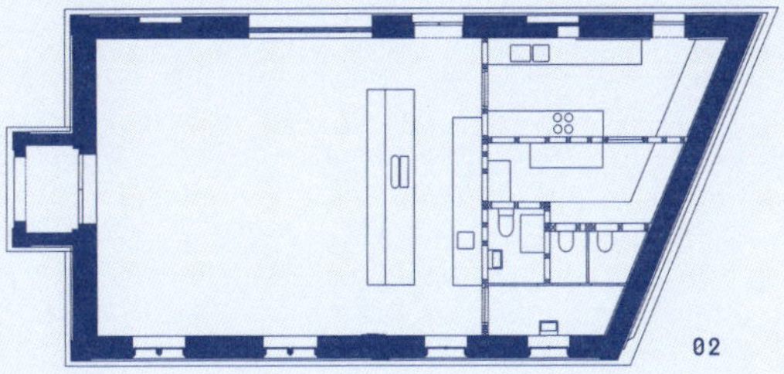

02

プロジェクトの概要

エリザベーテン公園内にあり、バーゼルの建築家メルキオール・ベリの設計で、1850年に建てたられたものが前身。当初は霊安室と遺体安置所として使われていたが、2011年に“Tootehusli”（遺体安置所）が改築され、現代的なカフェとして新たなスタートを切った。

公園の広場に面して丸くくり抜かれた大きな窓があり、公園を訪れた人はそこからカフェの様子を垣間見ることができる。また、カフェからは、その窓を通して芝の緑を望めるように配置されている。屋内のネオバロック様式とは対照的に、窓は近代的な印象を与える。

内装は既存のプロポーションを踏襲し、控えめな質感で白一色に塗られている。間仕切りを取り、中間階をなくし、古い丸天井を見せることで、広々としたイートスペースとなった。このイートスペースは、木の仕切りで台所や設備スペースと分けられている。

これまでとは違う外観で、かつ丸窓で外部とのつながりが生まれ、公園の広場にもよく馴染んでいる。そんなカフェが、市街地とバーゼルSBB駅を結ぶ公園をさらに豊かなものにしている。

01 断面図　**02** 平面図

003.8

TAMINA THERMAL BATHS

タミナテルメ

バートラガッツ

P102-105

建築家

SMOLENICKY & PARTNER
スモレニキー＆パートナー
Sihlstrasse 59
CH-8001 Zurich

電話：+41 44 210 2121
電子メール：info@smolenicky-architektur.com
www.smolenicky-architektur.com

他の参加者

プロジェクト・マネージャー：Philipp Röthlisberger
総合建設請負業者：HRS Real Estate
木組み：Blumer-Lehmann
冷暖房空調設備：Kannewischer Engineering Office

施主

グランドリゾートバートラガッツ

コンペ

2003年

建設年

2008-2009年

プロジェクトの概要

温泉はスイスのホテル文化に欠かせない。グラウビュンデン州バートラガッツのグランドリゾートでも主要施設として位置づけられている。大きな白いパビリオンのような木の白いファサードと、独特な建築スタイルは、敷地内の他の建物と一線を画している。

荘厳なメインファサードの突き出た部分は12メートルの高さがあり、3つの大きな楕円形の開口部が印象的だ。同じ幾何学的モチーフが全てのファサードで見られ、様々な大きさの楕円形の窓が建物の至る所に配置されている。内側から見ると窓に縁どられた田園風景は、ビクトリア時代の風景画を彷彿とさせる。

屋内は、森を思わせるデザインで、115本の木の柱がプールと治療エリアを取り囲んでいる。プールの水面にはこれらの細長い曲線状の白い柱が、途切れることなく映し出され、キラリと光る床とともに荘厳な静けさを湛え、リラクゼーションタイムを豊かなものにしてくれる。規則正しく並んだ柱・白い木の質感・洗練された照明が一体となって、内部空間をドラマチックに演出している。

01 北立面図　**02,03** 断面図

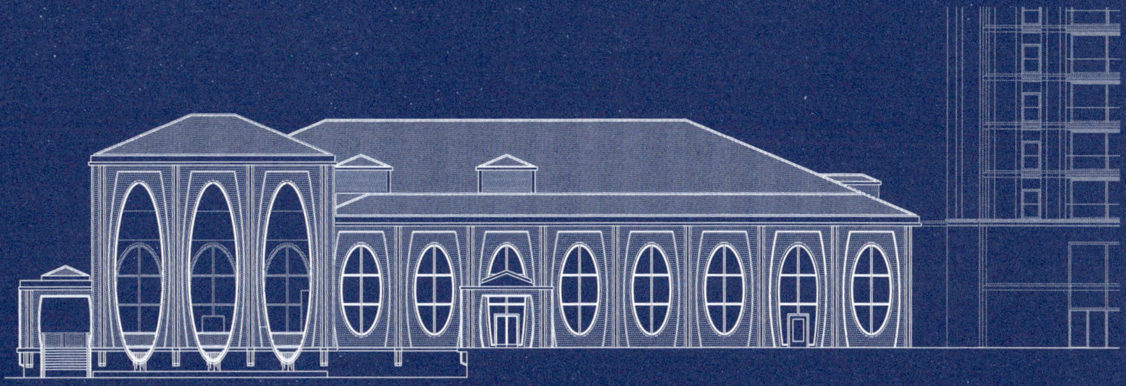

01

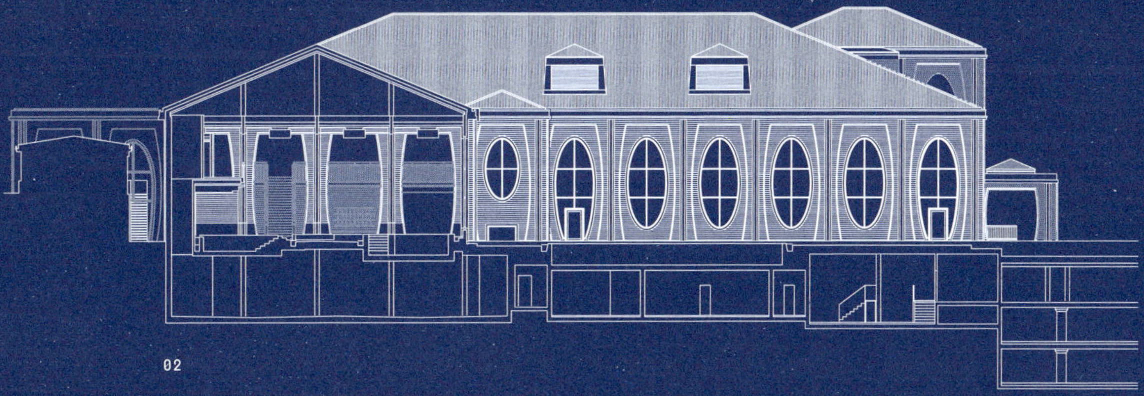

02

03

01

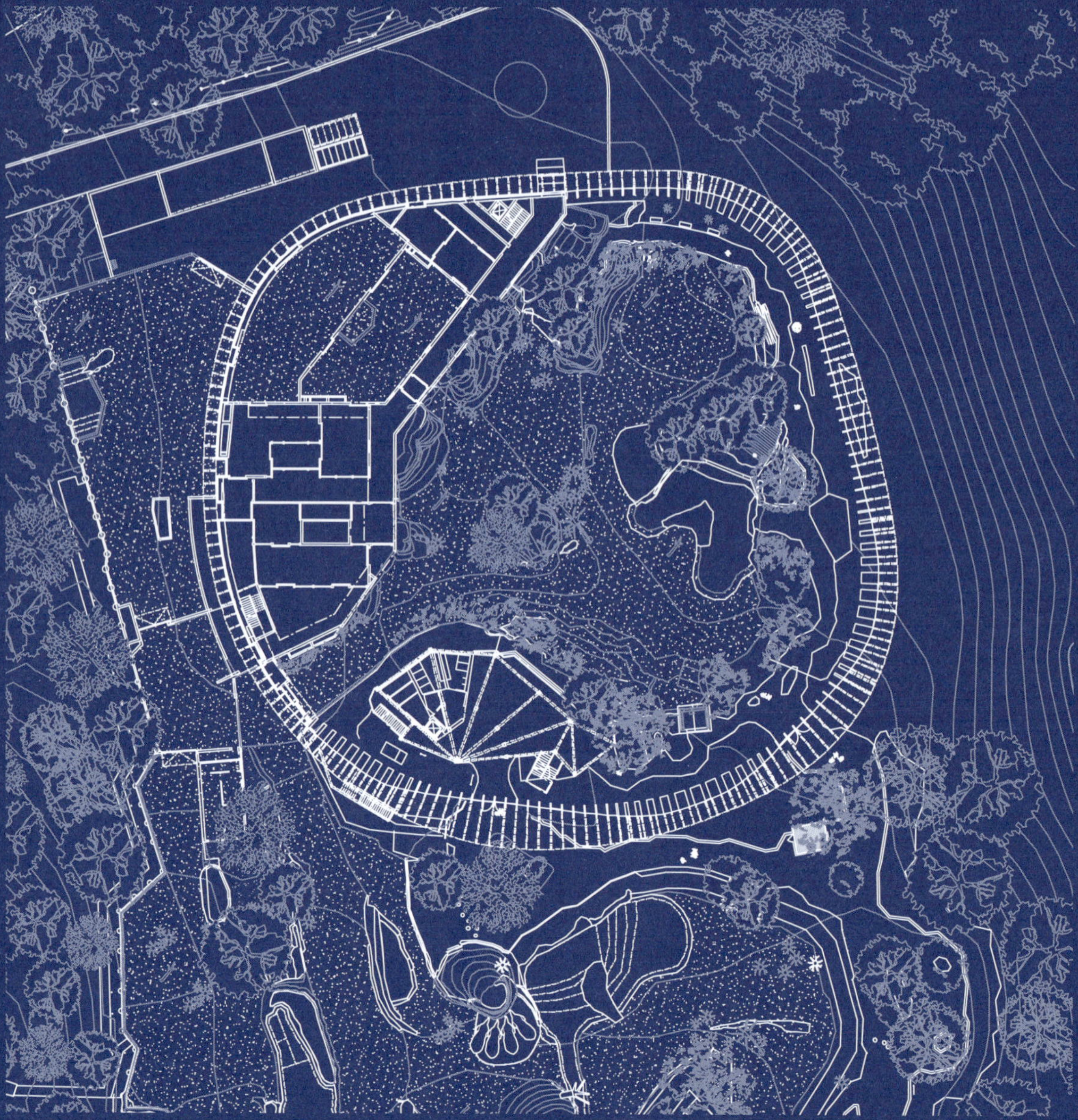

02

003.9

ELEPHANT PARK ZURICH ZOO

チューリッヒ動物園の象舎

チューリッヒ

P106-107

建築家

MARKUS SCHIETSCH ARCHITEKTEN
マーカス・シュイッツ・アーキテクテン
Hardstrasse 69
CH-8004 Zurich

電話：+41 44 444 3840
電子メール：info@markusschietsch.com
www.markusschietsch.com

他の参加者

プロジェクト・マネージャー：Philipp Heidemann
ランドスケープ・アーキテクチャー：
Lorenz Eugster Landschaftsarchitektur und Städtebau
土木工学：Walt+Galmarini
総合管理：BGS&Partner Architekten
電気計画：Schmidiger+Rosasco
冷暖房空調設備：TriAir Consulting

施主

- チューリッヒ動物園

企画

2009-2010年

コンペ

2008年

建設年

2011-2014年

プロジェクトの概要

2014年以降、チューリッヒ動物園の象たちは、広い囲いの中にできた新居で快適に暮らしている。建築家は、自然環境と密接につながった構造様式を開発することで。、新しい象舎の設計課題に応えた。

象舎は生い茂る草木の中にあり、印象的な屋根によってパークのランドスケープに溶け込んでいる。藤棚のような木の構造は、周囲の森の草木と同じ有機物のようにさえ見える。

半透明の屋根のフィルターを通して落ちる光は、森林の木漏れ日のようで、屋根の下で光と陰が交錯する。この光と影の効果は、屋根の起伏に応じて高さが異なる外壁部分によって、さらに強まっている。

滑らかな曲線を描く木の屋根は、まるで甲羅のようで、3層のCLTパネル※でできている。このパネルを現場で組み立てたのち、不規則な天窓をくり抜いていった。

周囲の草木からインスピレーションを得てつくられた象の住処。来園者は、象が望む自然に近い環境下で過ごすさまを観察できる。

※繊維方向が直行するように貼り合わせて厚くした積層パネル

01 断面図　**02** 配置図

RURAL
田園地帯

004.1
ATELIER BARDILL
アトリエ・バルディル
シャランス
P110-115

建築家

VALERIO OLGIATI
ヴァレリオ・オルジャティ
Senda Stretga 1
CH-7017 Flims

電話：+41 81 650 3311
電子メール：mail@ olgiati.net
www.olgiati.net

他の参加者

オフィス・オルジャティ・プロジェクト・マネージャー：
Nathan Ghiringhelli
オフィス・オルジャティ・共同制作者：
Nikolai Műller, Mario Beeli
建設監督：Linard Bardill
構造工学：Conzett Bronzini Gartmann AG

施主

リナルド・バルディル

建設年

2006-2007年

プロジェクトの概要

作家兼ミュージシャンのリナルド・バルディルが、スイスアルプスのシャランスの村の歴史地区にあった使用されていない納屋を購入し、建て替えたものだ。ムラがある赤茶色の一枚岩のような建物は、地域当局の指示により、もとの納屋と全く同じ容積で建てられている。

建物一面を覆う赤茶の色と、切妻造りの形状は、機能上の意図により決定したものではないが、周囲の建築によく馴染んでいる。屋根が付いていないので、切妻造りの本来の機能に捉われることなく、装飾的な意図のみによって決定された形状だ。広場に面した正面部分に大きな開口部があり、そこから中の様子を伺うことができる。とは言え、そこにあるのはプライベートな空間ではなく、空に向かって開いた中庭である。

このスペースは外壁と同じ赤いコンクリートの壁に囲まれており、コンサートや他のイベントを開催することができる。従来の天井がない代わり、大きな丸い穴のあいたコンクリートの厚い板で部分的に囲われている。そのため、どこか厳かな雰囲気が漂っている。芸術家のスタジオは、中庭から続く最も奥まったところにあるプライベートな空間で、ガラスの可動式の間仕切りで仕切られている。

様々な大きさの花のモチーフが壁に繰り返し浮き彫りにされており、コンクリートの重厚なイメージを和らげている。この装飾的な花模様は、内壁にも外壁にも、建物の至るところに不規則に使用されている。装飾することで、パブリックスペースとプライベートスペースを融合する効果がある。

01 西立面図　**02** 断面図　**03** 1階平面図　**04** 配置図

01

02

03

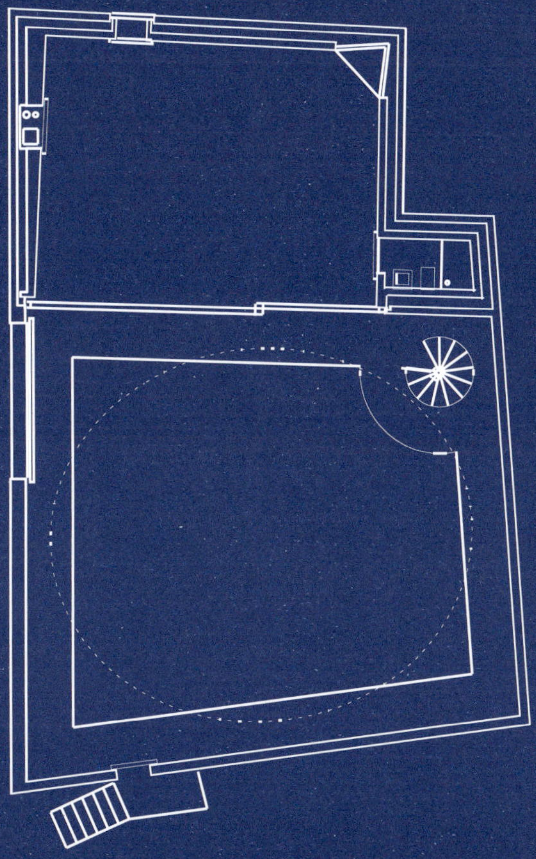

04

004.2

ST-LOUP CHAPEL

サン・ルーの礼拝堂

ポンパプル

P116-121

建築家

LOCALARCHITECTURE
ローカルアーキテクチャー
Rue de la Vigie 3
CH-1003 Lausanne

電話：+41 21 310 6898
電子メール：local@localarchitecture.ch
www.localarchitecture.ch

Bureau d'architecture Danilo Mondada
Shel [IBOIS-EPFL]
Hani Buri, Yves Weinand Architecture, Engineering and Production Design

他の参加者

木造建築：Lambelet Charpente

施主

サン・ルー女子慈善奉仕団員基金

企画

2007-2008年

建設年

2008年

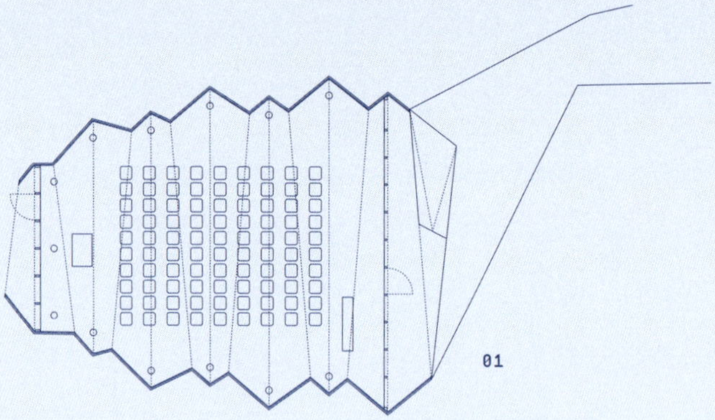

01

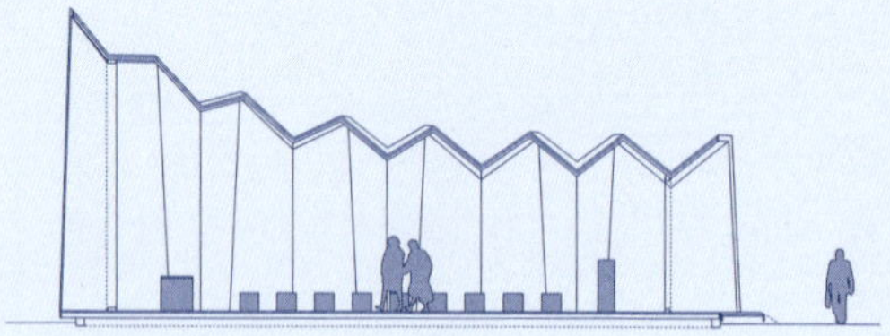

02

プロジェクトの概要

ジュネーブ湖の北、ジュラ地方の小さな村にある。歴史的な礼拝堂の改修中に女子慈善奉仕団員たちが礼拝するための臨時の礼拝堂として建築された。必要に応じて容易に解体・再建できるように設計されたが、現在、この場所に永続的に保存されている。

集成材のパネルのカッティングにはCNC装置※を利用し、この革新的な構造が実現された。この幾重にも折り畳まれた形は、折り紙の幾何学的ルールに従っており、この小さな建物に彫刻のような雰囲気を与えている。折り畳んだ形を採用することで、薄い集成材でも安定し、補強材や木枠が必要ない。

光を厳密にコントロールし、プライバシーが守られた神聖な場所を作るために、自然光にフィルターをかける「ダブルスキン」ファサードを設計した。これは、外側のテキスタイルと内側のポリカーボネートの波板で構成されている。伝統的なステンドグラス窓を彷彿とさせ、垂直なマツ材と斜めのマツ材の枠組みが両方の層を支えている。

この構造を実現させた新しい技術は、スイス連邦工科大学ローザンヌ校IBOIS研究所によるもので、効率的な事前加工と迅速な組み立てを可能にし、材料と時間を大幅に節約できた。

※何かを生産する加工工程をコンピュータで数値制御して行うこと。

01 平面図　**02** 断面図

004.3

COMMUNITY BUILDING

コミュニティビル

コルパトー=マヌダン

P122-125

建築家

2B ARCHITECTES
Av.de Beaumont 22a
CH-1012 Lausanne
電話：+41 21 617 5817
電子メール：info@2barchitectes.ch
www.2barchitectes.ch

NB.ARCH
Av. de Jurigoz 20
1006 Lausanne
Switzerland
電話：+41 21 617 56 24
電子メール：nbarch@nbarch.com
www.nbarch.com

他の関係者

建設管理：Ruffieux-Chehab Architectes
ランドスケープ・アーキテクチャー：Michèle ROBIN
土木工学：EDMS Ingénieurs; Normal Office Sàrl
音響：Bernard Braune
建築物理学：Sorane

施主

コルパトー=マヌダン地方自治体

コンペ

2003年

建設年

2005-2007年

プロジェクトの概要

フリブール州で2つの村が統合されて生まれたコルパトー=マヌダン。その庁舎は、中央コミュニティセンターの役割を果たすとともに、村人たちがパフォーマンスを披露する場にもなっている。

建築家たちは、地元の建築の原型を現代建築のアプローチで再解釈し、このコミュニティビルを設計した。煙突のある伝統的な切妻屋根は、近くの農場の馴染みのある原型を思い起こさせる。この模倣はファサードに使用する材料にも表れており、この地で定番の建材である凝灰岩（tuff）と呼ばれる地元の石を張ることで、一枚岩のような外観が生まれた。この外観から、「La Tuffière」という愛称で親しまれている。

周囲の民家と同様に大通りに向いて建てられており、多くの点で土地特有の個人住宅を参考にしているが、明らかに公共の建物だという風情がある。堂々とした外観が周囲の建物のなかで際立ち、通りから村の表玄関に通じる新しい広場となっている。

01 断面図　**02** 1階平面図

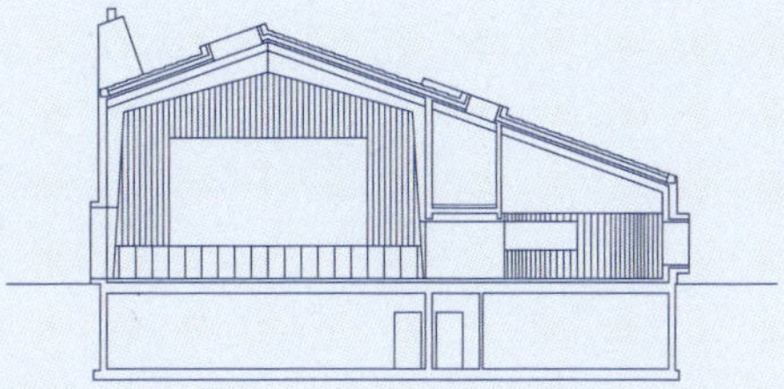

01

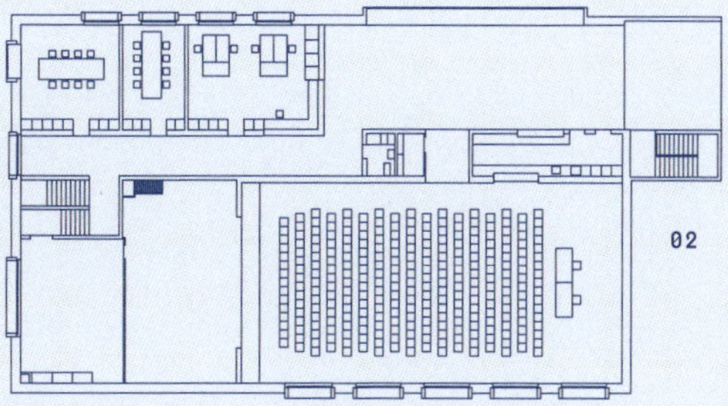

02

01

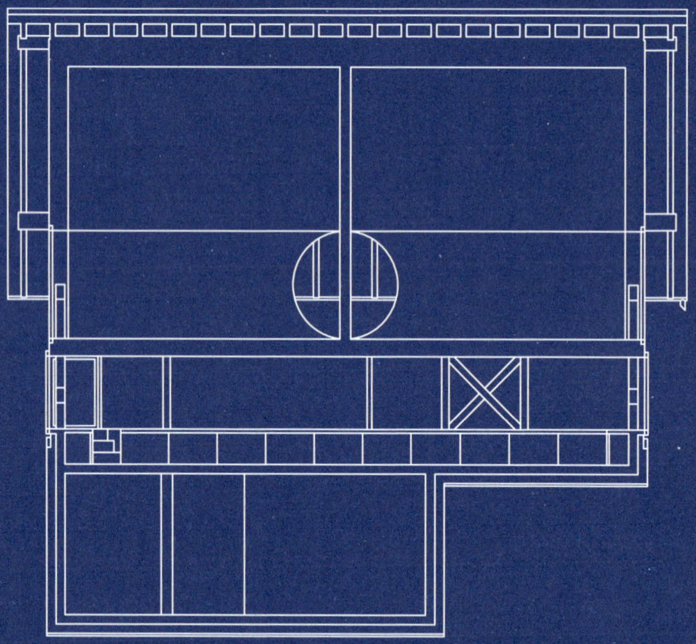

02

03

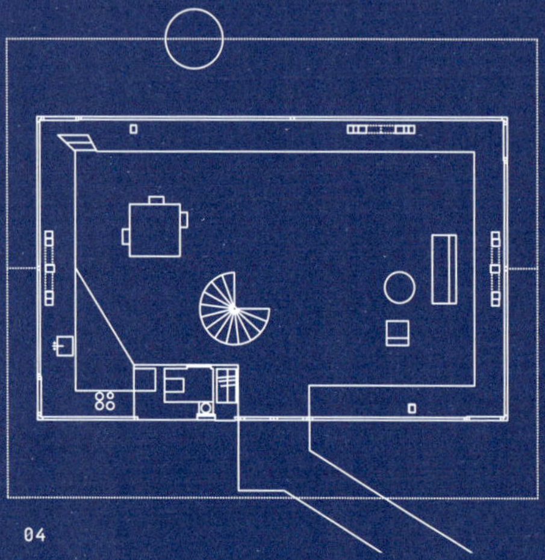

04

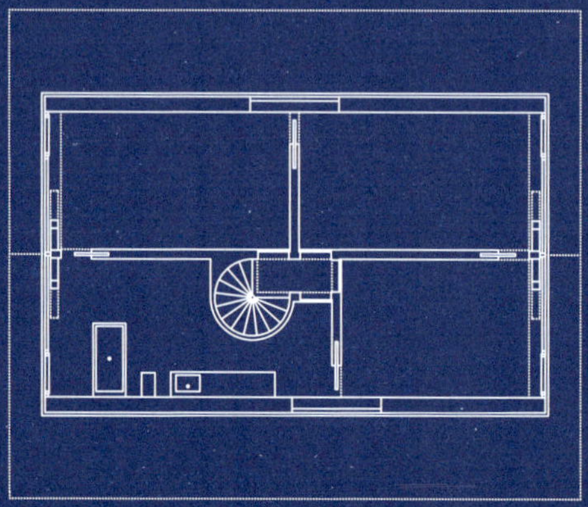

05

004.4

STÖCKLI HOUSE

ストックリ・ハウス

バルシュタール

P126-129

建築家

PASCAL FLAMMER

パスカル・フラマー
Pascal Flammer
Romerstrasse 24
CH-4710 Balsthal

電話：+41 44 558 9809
電子メール：info@pascalflammer.com
www.pascalflammer.com

他の参加者

土木工学：Conzett Bronzini Gartmann AG
建設管理：Urban Meier
大工仕事：Zimmerei Meier

建設年

2012年

プロジェクトの概要

ジュラ山脈の小さな渓谷にある。所有者の農場からさほど離れていない野原の中央にあり、建物の一部が地中にもぐっている。濃い色味の木のファサードと人目を引く切妻屋根は、この田園地帯の伝統的な建築スタイルにならっている。

母屋に対するストックリ（大きな農場に付属する小さな建物）の典型的な比率を保ちつつ、直接田園地帯に面した、ゆったりとした内部空間を作り出すことを考えて、設計されている。地階はあらゆる構造的支持材を排した大きなオープンスペースで、カウンターの高さが地面の高さと同じになり、家族のスペースがそのまま周囲の野原と続いているような印象を与える。

同様に、上階の配置もランドスケープとの関係から決定し、妻側にはガラスをはめこみ、平側には大きな丸窓がある。寝室3部屋と浴室1部屋があり、各部屋の天井は高く、引き戸で出入りする。地下部分を除く全てにモミの木を使ったことで、全体に統一感が生まれ、部分的に構造材を見せたことが、意匠的な特徴にもなっている。

屋内と屋外、自然と家庭の境界が曖昧であるこの家。伝統と現代性が組み合わさったデザインは、ランドスケープがすっと空間に入り込んでくるような、現代的な生活空間をもたらしている。

01 断面図　**02** 断面図　**03** 地階平面図　**04** 1階平面図　**05** 2階平面図

004.5

TECHNICAL SCHOOL VISP

フィスプのテクニカルスクール

フィスプ

P130-133

建築家

BONNARD WOEFFRAY
ボナール・ウォーフライ
Clos-Donroux 1
CH-1870 Monthey

電話：+41 24 472 2970
電子メール：bw@bwarch.ch
www.bwarch.ch

他の参加者

土木工学：ALP Andenmatten Lauber and Partner
暖房&換気：GD Climat
衛生システム：Anton Imhof
電気工学：Salzman
金属ファサードシステム：Arteco

プロジェクトオーナー

ヴァレー州

コンペ

2004年

建設年

2007-2009年

プロジェクトの概要

フィスプ継続教育キャンパスに増設され、建物の形や規模は同じ敷地の2つの既存の建物と合わせている。

不規則に3つに分かれたプランで、平行に配置された3つのボリュームで構成されている。中央に配置されたロビーはいわば建物の背骨で、主要スペースと隣接する教室を連結する動線を作り出すとともに、作業エリアの役割も果たしている。北側と南側のボリュームは、緑色のガラスでロビーと仕切られ、万華鏡のような眺めを生み出す。

明るく変化に富んだ色彩設計は外壁の仕上げにも用いられ、色のついた大きな窓が、鏡面仕上げのスチールフレームによるレリーフ効果を高めている。フレームは、周囲のものを断片的に映し出し、組み換え、反射し、このプロジェクトの中心にある近接と統合のコンセプトを強調している。

01 1階平面図　**02** 断面図

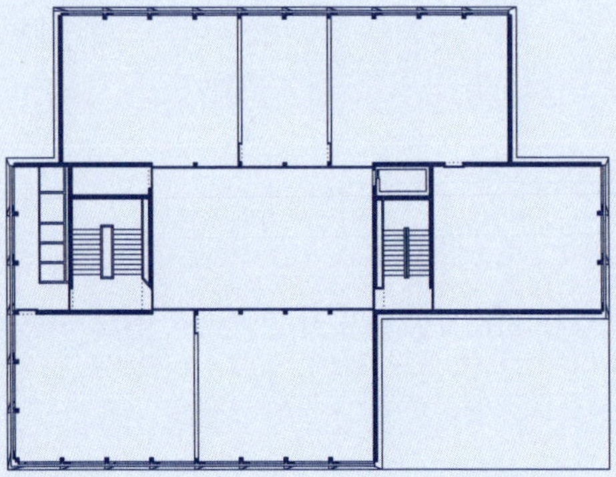

01

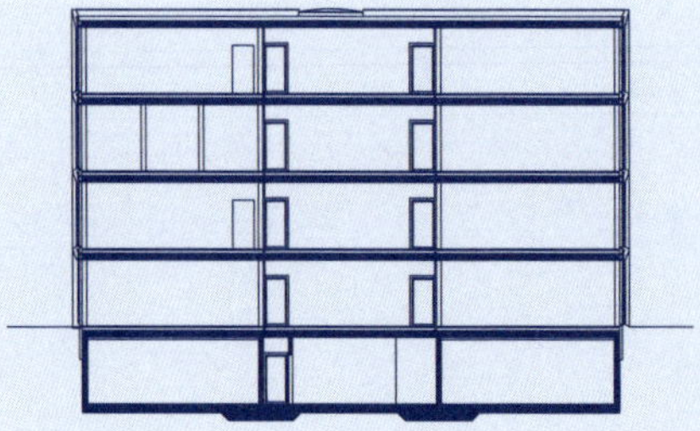

02

004.6

VILLA CA'JANUS

ポント・ヴァレンティーノ

P134-137

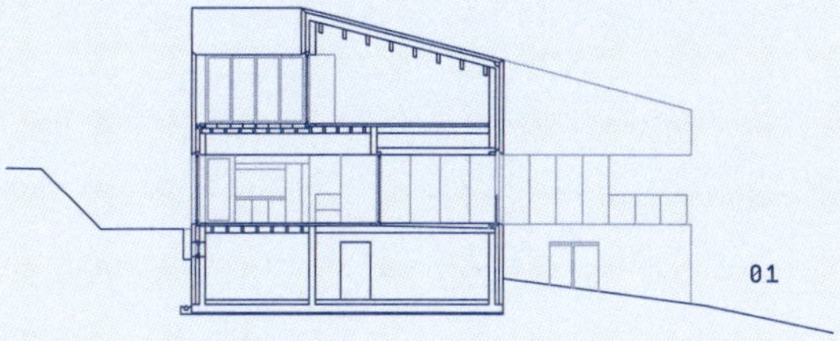

01

建築家

BUZZI STUDIO D'ARCHITETTURA
via Ciseri 5
CH-6600 Locarno

電話：+41 91 751 1270
電子メール：info@buzziarchitetti.ch
www.buzziarchitetti.ch

他の参加者

土木工学：Dieter Bosshardt, Felix Geering
木造建築：Martin Hügli
冷暖房空調設備：Sandro Gilardi
建設管理：Giorgio e Aris Ceresa
音響相談：Flavio Paolucci

建設年

2008-2009年

プロジェクトの概要

ティチーノ渓谷にある。設計構想は、主として周囲のランドスケープと空間的条件によって方向付けられている。2つの連結されたボリュームで構成され、周囲には圧倒的な自然が広がり、この地の地形と協調している。

内部空間をできるだけ広くし、その一方で近隣の建物の容積も配慮することで、きっちりと連結した2つのボリュームで構成されるプランができあがった。連続する屋根がボリュームをつなぎ、境界を曖昧にしている。

ヴィラの地階・2階・ロフトと伝統的な構成でありながら、垂直方向が意識されている。1階では、室内の吹抜によって家全体に斜めに視線が抜け、様々な視点からランドスケープを眺められる。構造的には2つの構成要素に分かれているが、キッチン・ダイニング・リビング・寝室・浴室があるメインフロアには連続性がある。木の梁を特徴とする存在感のある天井は、この家の両方のセクションで使用されており、フローリングと同じ木が使われているため統一感がある。2つの四角いボリュームの交点にある階段で、2つのオフィスルームと上階のテラスが直接つながっている。

分割された低層の構成にすることで、周囲の建築環境に溶け込んでいる。多方向に配向されたファサードが、この建築を近くの村やその先のブレニオ谷へとつなげている。

01 断面図　**02** 1階平面図　**03** 地階平面図

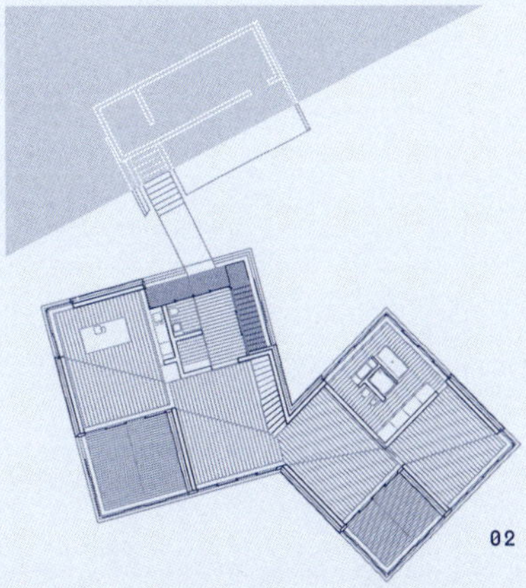

02

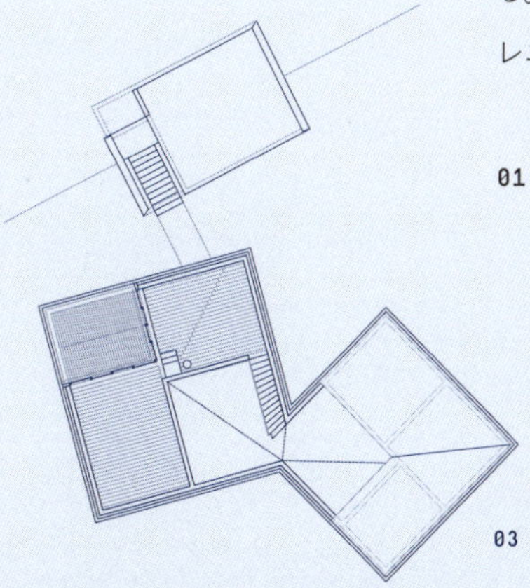

03

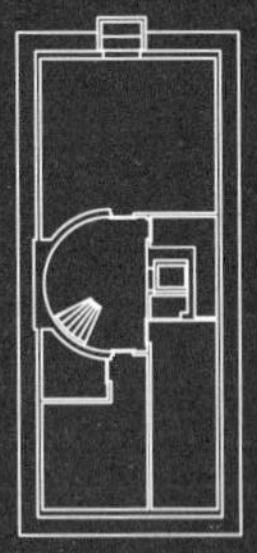

01

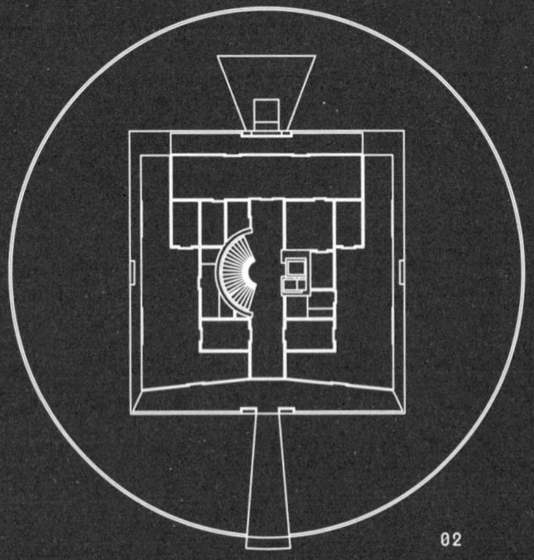

02

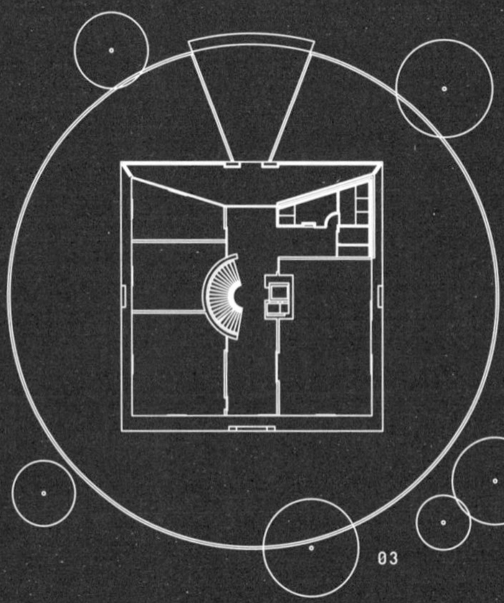

03

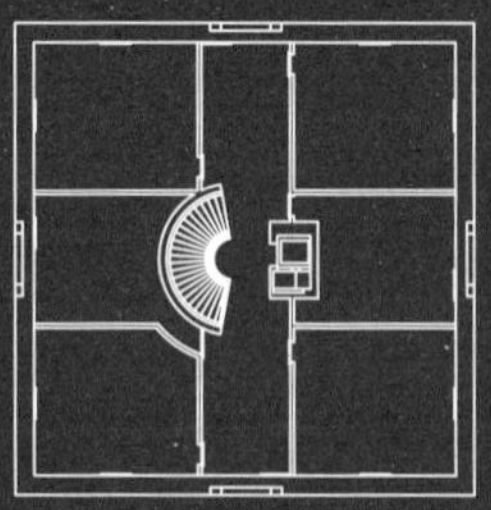

04

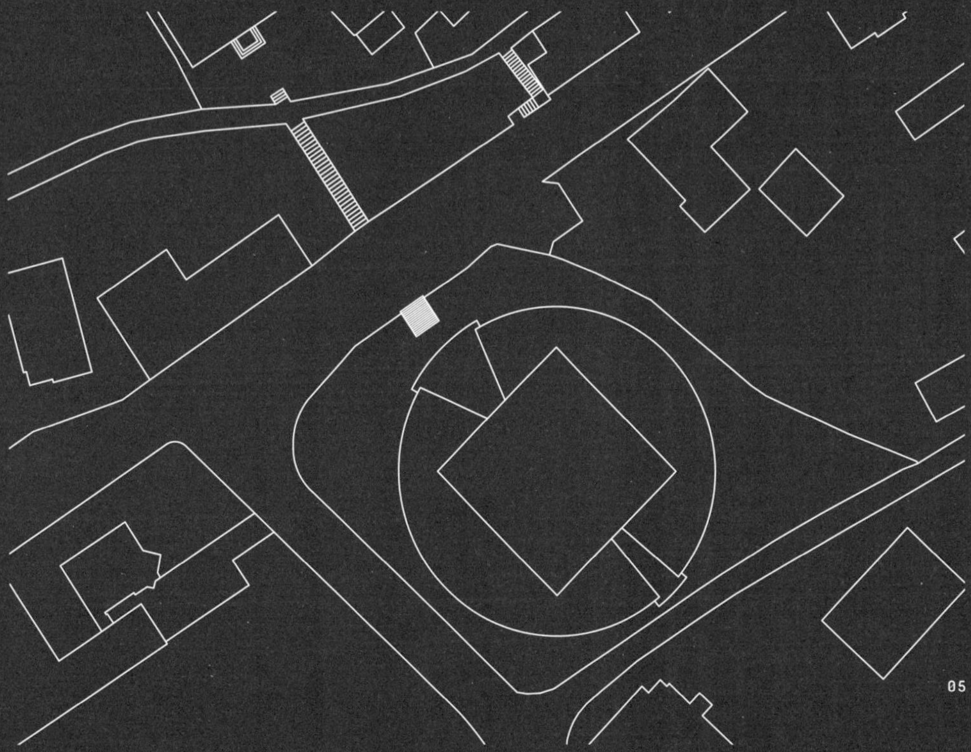

05

004.7

GRONO SCHOOL

グロノの学校

グロノ

P138-141

建築家

RAPHAEL ZUBER
ラファエル・ズーバー
Raphael Zuber
Pfistergasse 3
CH-7000 Chur

電話：+41 81 250 5834
電子メール：office@raphaelzuber.com
www.raphaelzuber.com

他の参加者

建設管理：Thomas Melliger - Bauplanung
建設監督：Devis Bruni and Giulio Cereghetti
構造工学：Conzett Bronzini Gartmann AG
ランドスケープ・アーキテクチャー：4D Landschaftsarchitekten

施主

グロノ地方自治体

建設年

2011年

プロジェクトの概要

グラウビュンデン州南部の小さな村、グロノにある。その土地の建築や既存の構造と異なる強力な存在をアピールしている。モニュメントのような建築様式から発想を得、ティチーノ州の合理主義を反映しており、その幾何学的な形は、近隣の既存の校舎と一線を画している。

以前は村の広場だった円形の芝地にあり、地元の土の色に合わせた茶色のコンクリートと、そこに施された幾何学的モチーフの厳密な対称性が目を引く。丸い敷地に建てられた四角い建物で、4階建てになっている。

コンクリート板を重ね合わせた単純さが、柔軟性のある計画を可能にしている。屋内は、エレベーターと打ち放しコンクリートの螺旋階段を中心に左右対称にボリュームが配置され、階段そのものが主要な構造となっている。アーチ型や円形にくり抜かれたコンクリートのファサードを通して、生徒たちは遠くの景色を眺められる。その奥にある木の枠組のファサードでは、四隅を支える柱には、外に向かってテーパーがかけられ、また、コンクリートの四隅が大きくくり抜かれているため、何にも邪魔されることなく通風と採光を可能にしている。

幼稚園児は下から入り、2階とつながっている橋が小学校の入り口で、そこから集会場や他の共通エリアにつながり、高学年の子供たちの教室は上階にある。

01 1階平面図　**02** 2階平面図　**03** 3階平面図
04 4階平面図　**05** 配置図　**06** 断面図

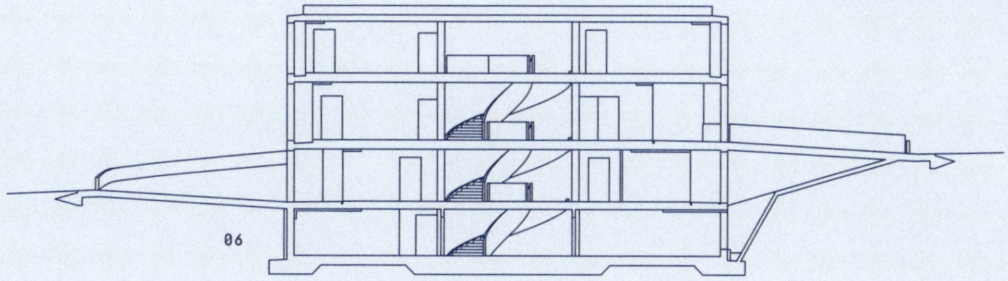

06

004.8

SSIC VOCATIONAL TRAINING CENTRE

SSIC 職業訓練センター
ゴルドラ
P142-145

建築家

DURISCH+NOLLI
via San Gottardo 77
CH-6900 Massagno

電話：+41 91 960 1830
電子メール：info@durischnolli.ch
www.durischnolli.ch

他の参加者

構造工学：Jurg Buchli
機械工学：Tecnoprogetti
電気工学：Erisel
建築物理学者：IFEC Consulenze

施主

Swiss Contractors Builders SSIC（スイス建築請負業者）

コンペ

2004年

建設年

2008-2010年

プロジェクトの概要

ゴルドラにあるこの建物は、鋸歯状の屋根のラインと金属のファサードを特徴とし、職業訓練センターと言うより工場のイメージに近い。光を放つ巨体は、従来のキャンパスのイメージにとらわれることなく殺風景な場所に建つ、新しい存在だ。

この土地は洪水の被害を受ける恐れがあるため、地面から2メートル上げて高床式にしている。これによりマッジョーレ湖の洪水から守られるだけでなく、ティチーノ平野を見渡すこともできる。

計68本の柱に支えられたコンクリートの長い土台は、その下にある駐車場と倉庫を風雨から守っている。コンクリートの上には、細長い長方形に沿って、軽量の金属が水平方向に延びている。屋内には3箇所の階段と1箇所の傾斜路から入ることができ、プロジェクトの全エレメントが集結している。鋸歯状の屋根は、この建物の目的である産業的な特徴を表現している。

内部は、様々な技術面や運営上の理由で求められる要件に応じて編成されている。3つの大きなワークショップは適合性、柔軟性、機能性を持たせて配置され、そこに屋根を介して間接的に自然光が入る。実習生はここで、卒業後に働くであろう工場や職場に近い環境のもと、訓練を受けつことができる。のこぎり型という建物形状から、その機能を直接連想させるこの建物は、この地にある他の産業用建造物とのつながりも感じられる。

01 立面図　**02** 断面図　**03** 屋根伏図　**04** 2階平面図　**05** 1階平面図

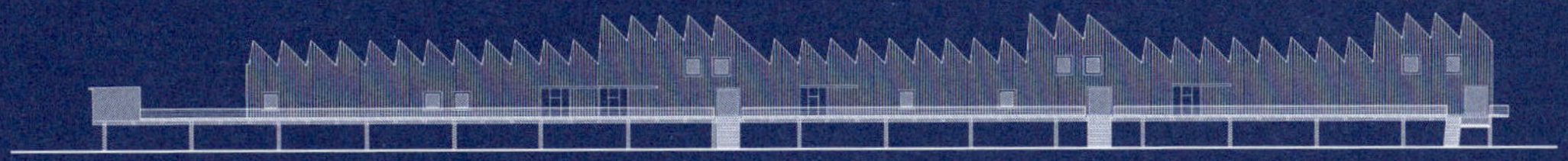

01

02

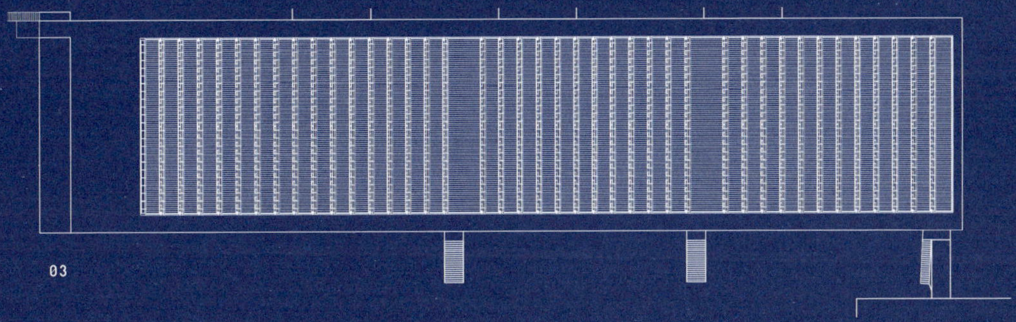

03

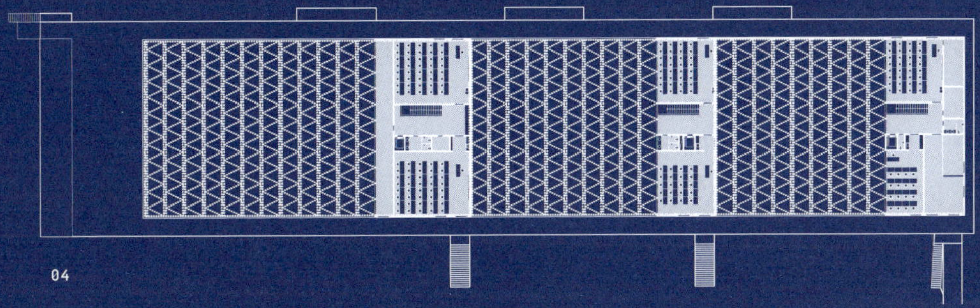

04

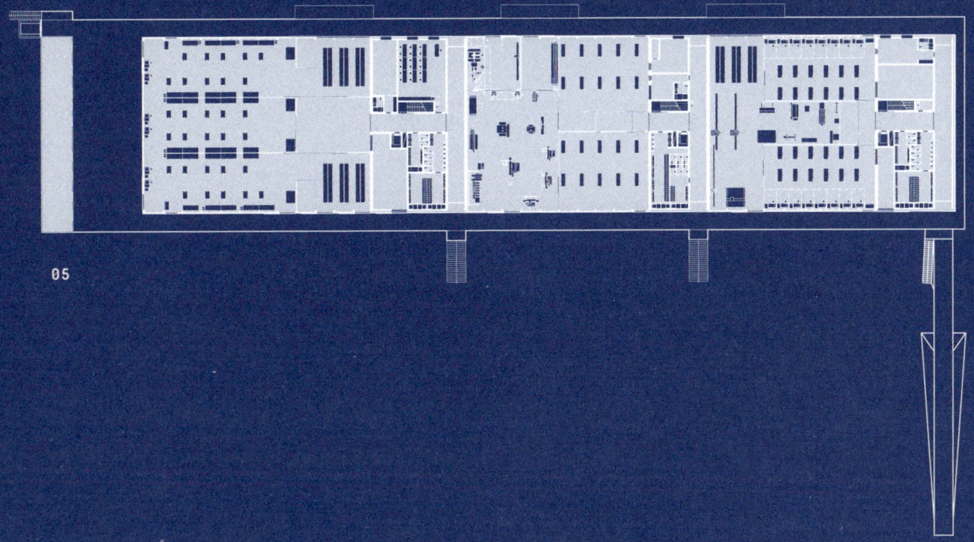

05

01

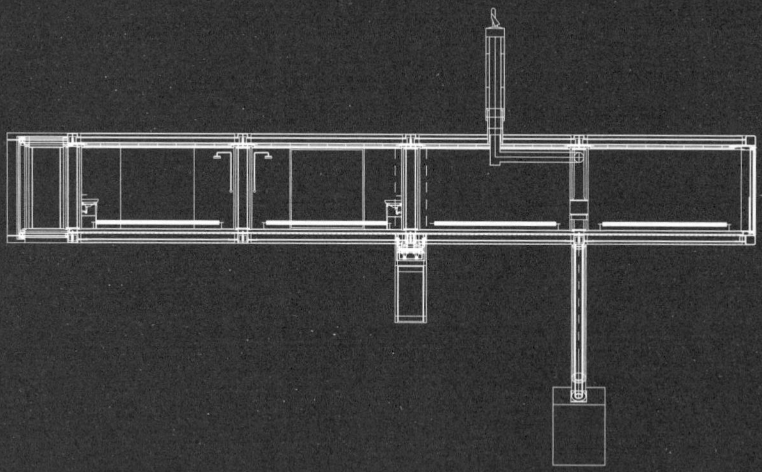

02

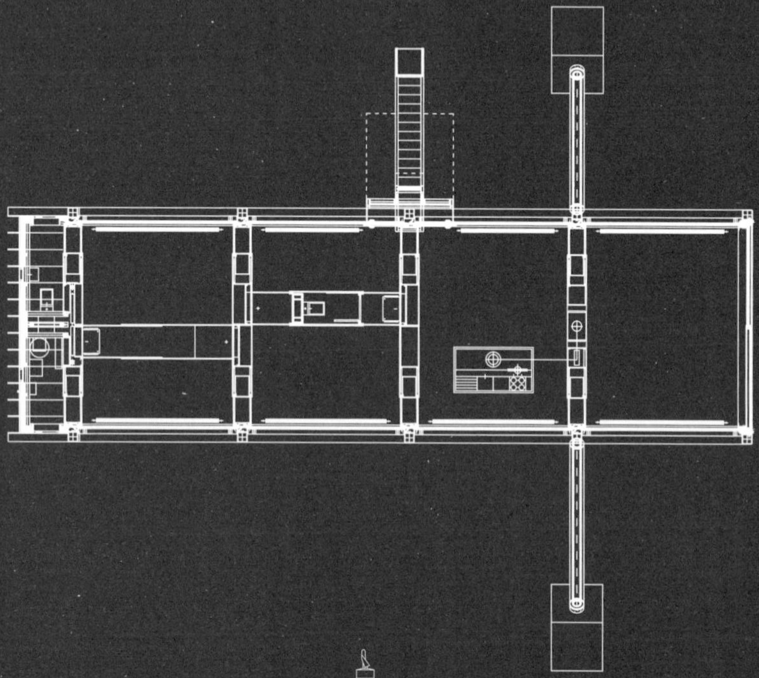

03

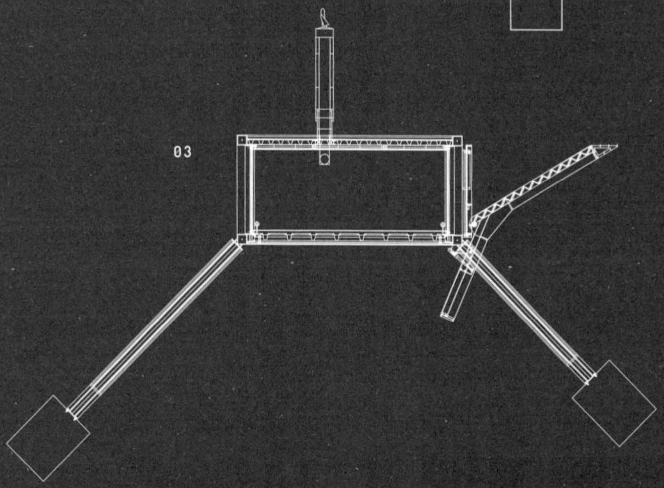

004.9

VILLA CHARDONNE

ヴィラ・シャルドンヌ

シャルドンヌ

P146-149

建築家

MADE IN
Rue du Clos 12
CH-1211 Geneva 6

電話：+41 22 700 3212
電子メール：office@madein2003.ch
www.madein2003.ch

他の参加者

土木工学：Babel Ingenieus Civils
鉄骨構造：Zwahlen & Mayr

建設年

2008年

プロジェクトの概要

黒く長い箱が、ラヴォー地区のブドウ畑の近く、ジュネーブ湖を見下ろす段丘に優雅に佇んでいる。ヴィラ・シャルドンヌの橋のようなデザインは、地域の建築制限に対する抜本的な解決策を示している。

22メートルの長さの建造物を、一方は擁壁、もう片方は斜めの金属柱が支えている。鉄骨フレームで構成されるモジュール方式で設計され、一つながりに並んだ4つの箱が内部レイアウトの特徴だ。

巨大な窓が建物を取り囲み、どの部屋からもパノラマを楽しめる。屋内に壁や支持材がないため、可能な限り広い内部空間が確保され、廊下のない最適な配置となっている。各室はパノラマラウンジに面して連続している。

細長い構造は浮かんでいるように見え、この土地の他の建物とは全く趣を異にしている。建物の土地専有面積を最小限に抑え、庭やテラスのスペースをたっぷりとっている。

01 断面図　**02** 平面図　**03** 断面図

SUBURBAN
郊外

005.1

HOUSE IN FRONTENEX

フロントゥネの家
フロントゥネ
P152-155

建築家

CHARLES PICTET
チャールズ・ピクテ
12A Chemin Frank-Thomas
CH-1208 Geneva

電話：+41 22 737 1414
電子メール：info@pictet-architecte.ch
www.pictet-architecte.ch

他の参加者

共同制作者：Philippe Le Roy
土木工学：Jean Regad

建設年

2005-2006年

プロジェクトの概要

ジュネーブ郊外にあり、1808年に建てられたオランジェリーが特徴。この既存部分に増築するプロジェクトで、歴史的建造物と極めて現代的な建物を結びつけている。

オランジェリーの床は、地盤面から600ミリ下がっているので、その分天井が高い。現在はリビング・ダイニングとして使われており、南面の大開口から日がたっぷりと射し込む。この部屋からなだらかな斜面を通って空中庭園へと続き、既存の建物と近代的な増築部が庭によってつながっている。

幾何学的な増築部分は、レクリエーションスペース・寝室・浴室に加え、アトリエもあり、3つの階にわたって同心状に配置されている。部屋は互いに連結し、接点で行き来できるようになっている。それぞれの部屋が様々な方向に向いているので、多方向に視線が抜ける。

増築部分は、オランジェリーと同じ向きではなく、グリッドに従って建てられ、対照的な配置になっている。古い建物に沿った傾斜路は、2つの建物をつなぐルーフテラスに通じ、この建物をランドスケープに結び付けている。

新旧が心地よく同居しうまく融合しているのは、空間の流れるような移行と、表面処理での補完によるものだ。増築部分のビシャン仕上げのコンクリートが、無機質な質感とやや黄味がかった色調によってオランジェリーの壁と視覚的なつながりを作り出している。

01-03 断面図　**02** 地階平面図　**03** 1階平面図　**04** 2階平面図

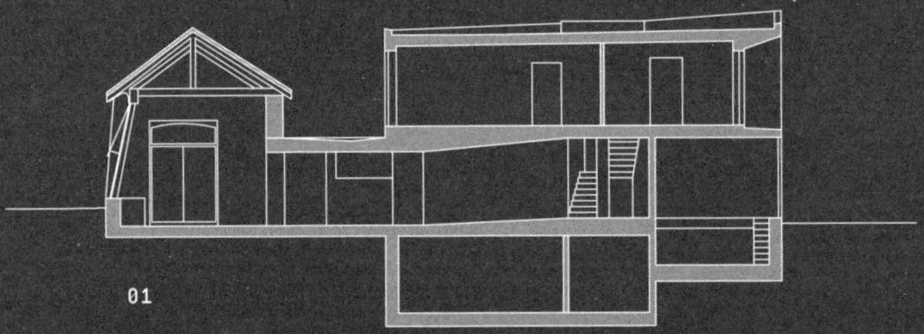

01

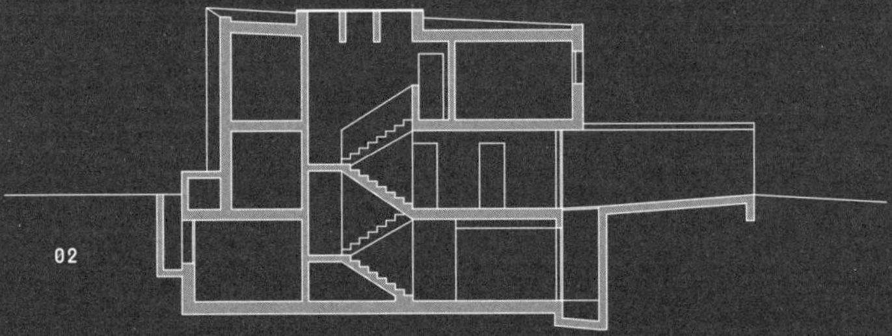

02

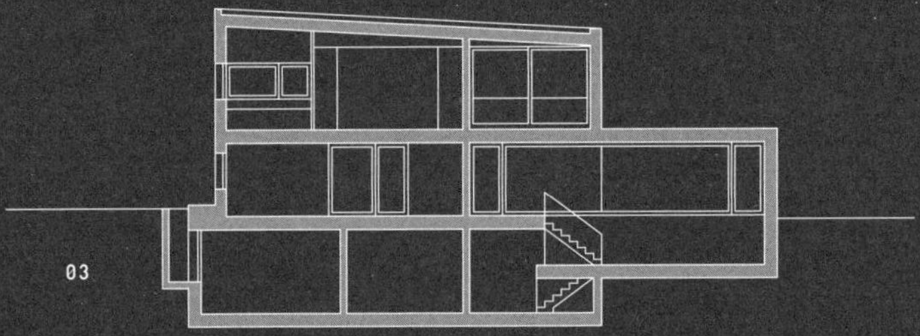

03

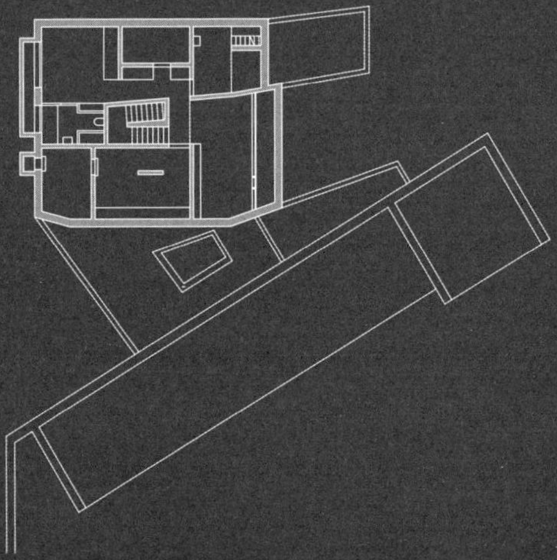

04

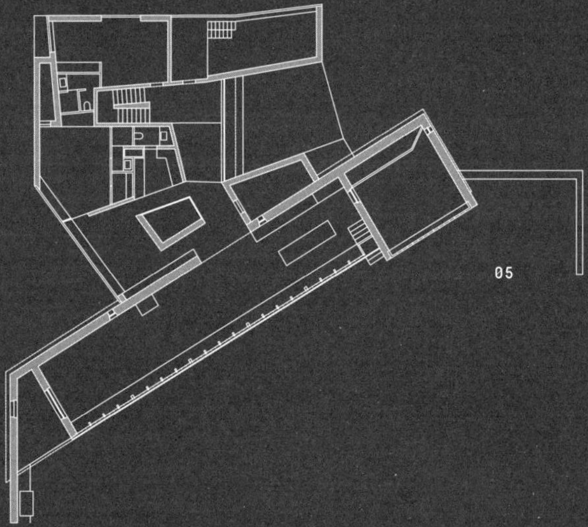

05

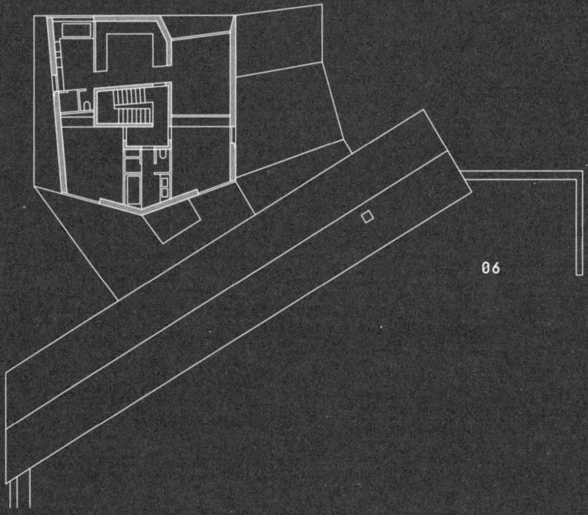

06

01

02

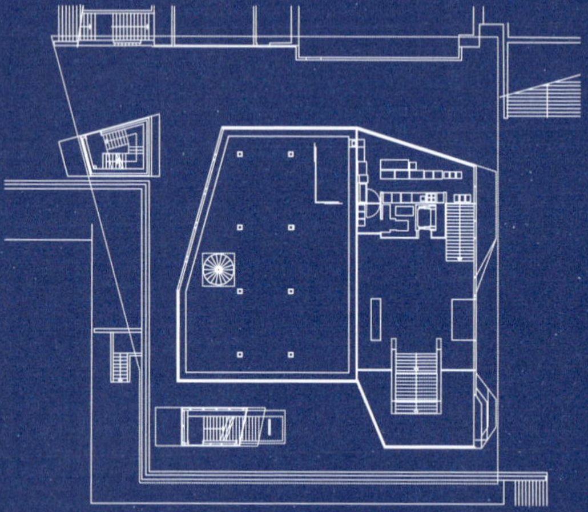
03

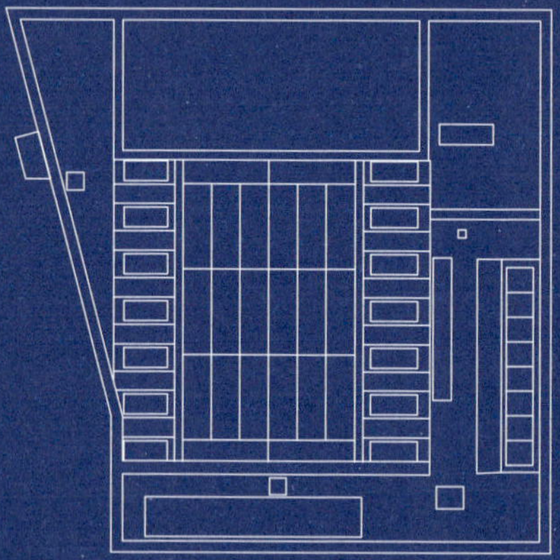
04

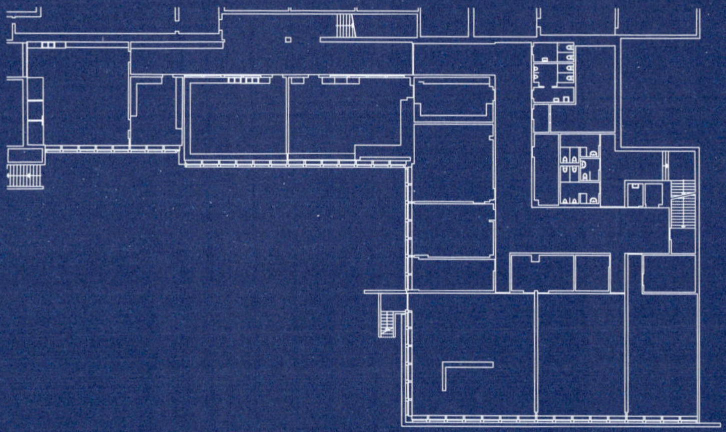
05

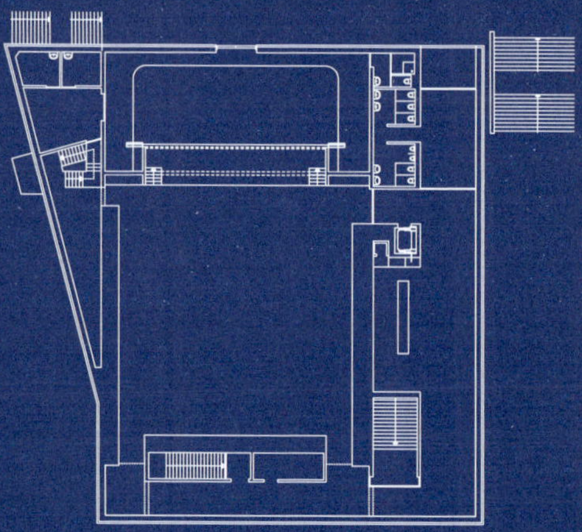
06

005.2

AUDITORIUM AND LIBRARY OBSTGARTEN

公会堂と図書室・果樹園

シュテファ

P156-161

建築家

E2A

Hardturmstrasse 76
CH-8005 Zurich

電話：+41 43 444 4010
電子メール：info@e2a.ch
www.e2a.ch

他の参加者

総合建設請負業者：Implenia
プロジェクトマネジメント：Susanne Mocek, Sebastian Holzhausen
芸術共同製作：Hans-Peter Kistler
建設管理：Caretta Weidmann
構造設計：Walt+Galmarini
ランドスケープ・アーキテクチャー：Vetsch Nipkow Partner
ファサードシステム：Feroplan Engineering
HVCSEテクノロジー：Todt Gmür+Partner; IBG Engineering Schüpbach Engineering Amstein+Walthert
建築物理学：Leuthardt+Mäder

施主

シュテファ・スクールコミュニティ

コンペ

2005年

建設年

2009-2010年

プロジェクトの概要

チューリッヒ湖のほとりの村、シュテファにある。現代建築の解釈と1970年代の多くの公共建築の特徴であるコンクリート建築技術を組み合わせた典型的な例だ。周囲には同年代に建てられた粗野な倉庫が並んでいるが、その中にあってこの叙情的な建物は好対照をなしている。

公会堂、図書室、ケータリングキッチンがあり、1つの建物内でこれら3つの複雑な機能を果たすには入念な配慮が必要だ。さらに、学校や地域にコミュニティセンターとしての場も提供している。

窓のない公会堂は、図書館とケータリングキッチンのあるガラス張りの1階の上に浮いているように見える。この重量のあるボリュームが、幅70ミリの幾何学的な耐力支持材の上に載っており、これらの支持材がガラスの壁にアクセントをつけている。公会堂の中は天窓からの光で照らされ、建物の粗野な外装と対照的な明るいスペースとなっている。

公会堂を覆う打ち放しコンクリートには、近くの果樹の樹皮を彷彿とさせるレリーフパターンが施され、それがスクールキャンパスの名前の由来となっている。自然のモチーフがコンクリートのファサードを特徴づけ、コンクリートの硬い印象を和らげている。

01,02 断面図　**03** 1階平面図　**04** 2階平面図　**05** 地階平面図　**06** 3階平面図

005.3

KLEE HOUSING

クレー集合住宅

チューリッヒ

P162-165

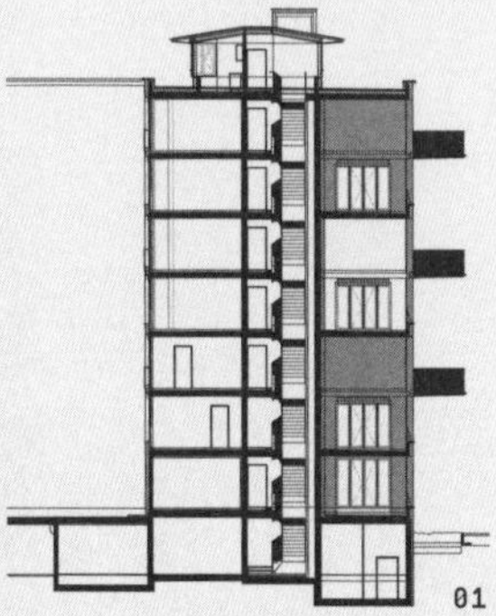

01

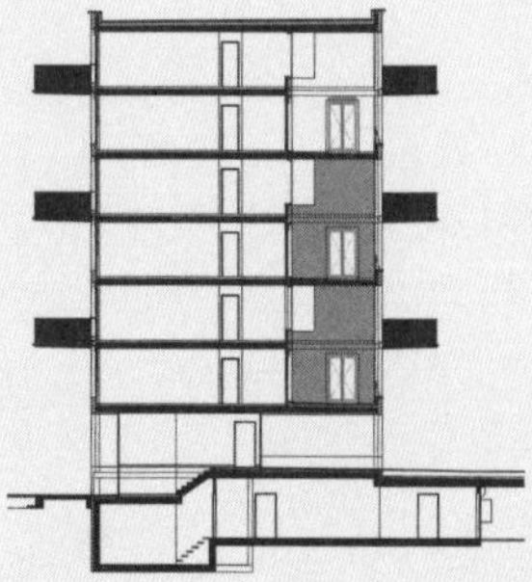

02

建築家

KNAPKIEWICZ & FICKERT
Zweierstrasse 35
CH-8004 Zurich

電話：+41 44 240 0545
電子メール：info@axka.ch
www.axka.ch

他の参加者

建設管理：GMS Partner
ランドスケープ・アーキテクチャー：
Andreas Tremp Landschaftsarchitekt BSLA
土木工学：Dr Luchinger＋Meyer Bauingenieure
HVS工学：Huustechnik Rechberger
VAC工学：Todt Gmur und Partner
電気工学：Elprom

施主

Gemeinnutzige Bau- und Mietergenossenschaft
Zurich GBMZ（営利建設・テナント・チューリッヒGBMZ）
Baugenossenschaft Hagenbrünneli BGH
（ハーグンブルナリー協同組合BGH）
施主代表：クンマー建設管理者

コンペ

2006年

建設年

2008-2010年

プロジェクトの概要

チューリッヒの郊外に位置し、魅力のなかった住宅地に新たな命を吹き込んだ。設計はシティーブロックの考えに基づいており、これは急速に拡大する郊外地域に適した選択であった。

クローバーの葉に似た形に配置された7階建ての建物に340室入っている。建物に囲まれた部分は8,000平方メートルで、さらに分割された3つのエリアは、より親密な共有スペースとなっている。

大規模な開発ではあるが、外装に用いた優れた視覚効果によって均整が取られ威圧感がない。色がついたエリア、天井を上げたロッジア、バルコニーの配置、窓の垂直な柵はどれも、7階建ての建物を3階建てに減らして見せるための戦略だ。

屋内は、質の高い生活空間になっている。全居室から前面と背面両方の景色を見ることができ、何らかの形の戸外スペース、例えばロッジア、バルコニー、専用庭がついている。通常は地階に隠されている洗濯室が、太陽に照らされた明るい屋上にあり、屋上から遠くの市街地を見渡すことができる。

01,02 断面図　**03** 基準階平面図　**04** 断面図

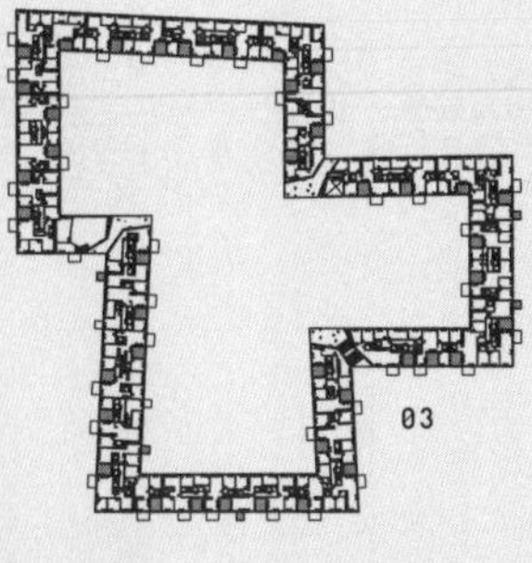

03

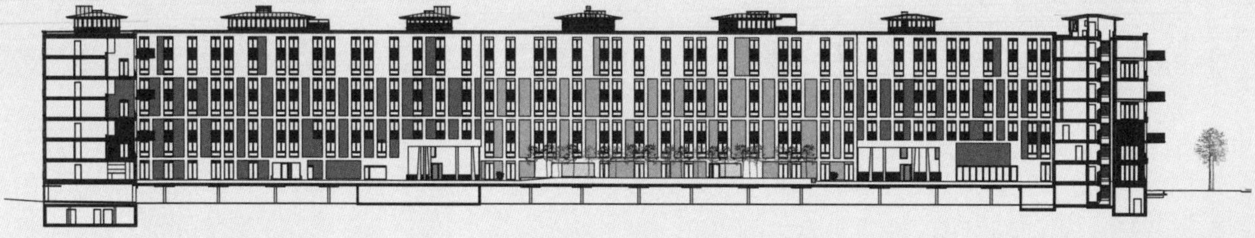

04

005.4

SCHOOL PAVILION ALLENMOOS II

学校別館アレンモース II

チューリッヒ

P166-169

建築家

BOLTSHAUSER ARCHITEKTEN
ボルツハウザー・アーキテクテン
Dubsstrasse 45
CH-8003 Zurich

電話：+41 43 311 1949
電子メール：info@boltshauser.info
www.boltshauser.info

他の参加者

建設管理：Marco Zingg, Boltshauser Architekten
ランドスケープ・アーキテクチャー：
Schmid Landschaftsarchitekten

施主

チューリッヒ市
建築部門

コンペ

2009年

建設年

2011-2012年

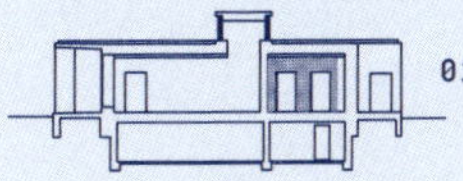

01

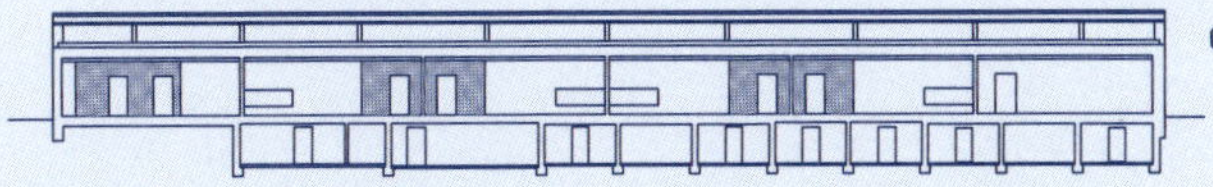

02

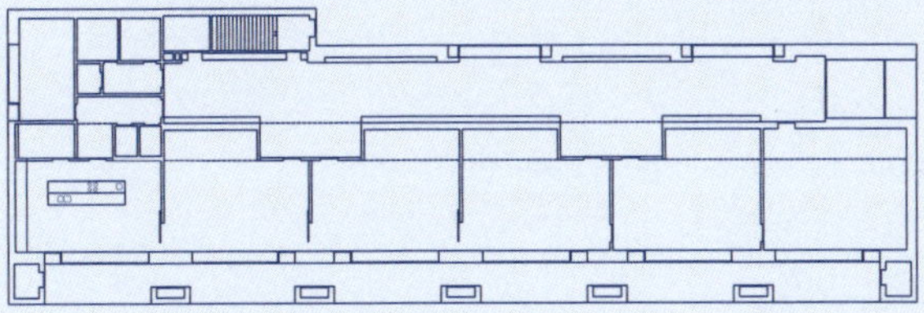

03

プロジェクトの概要

未就学児のための施設で、1950年代に建てられた小さな校舎に新しい風を吹き込んだ。チューリッヒ郊外の公園の横に、学校分館アレンモースIIが増改築されている。この別館にはオープンスペースがあり、小さな公園とのつながりを感じられる。

以前の建物の土地専有面積と高さを維持しながら現在のニーズを満たすには、もとの建物の地階と基礎のみを残して1階全体を建て直す必要があった。

新しい建物は、外側からはっきりと構成がわかるシンプルな空間構成だ。子供たちは玄関ホールから広い廊下を通って、南側正面に沿って配置された5つの教室に入る。廊下に沿って連なるハイサイドライトからの光が室内を照らし、教室まで届く。南側に大きな窓があり、教室を自然光で満たしている。各教室から出られるオープンスペースは、屋外の遊び場となり、子供たちの安全を考え、奥行のあるデザインにしている。

建物の材料・構造・内外壁の色彩計画も抜かりない。さらに、版築と表面に凹凸のあるブロックのファサード、粘土にカゼイン接着剤を混ぜて塗った内壁が、建物に素朴な味を与え、その結果自然環境と調和し、ほっとするような落ち着いた雰囲気が漂っている。

01,02 断面図　**03** 平面図

005.5

SYNTHES HEADQUARTERS

シンセス本社ビル

ゾロトゥルン

P170-173

建築家

MÄRKLI ARCHITEKT
メルクリアーキテクト
Albisriederstrasse 232
CH-8047 Zurich

電話：+41 43 311 1790
電子メール：info@maerkliarchitekt.ch
www.maerkliarchitekt.ch

他の参加者

建設管理：Caretta＋Weldmann Baumanagement
土木工学：Jauslin＋Stebler Ingenieure
照明企画：Reflexion
電気企画：Sytek
冷暖房空調設備：Aicher, De Martin, Zweng
衛生設備：tib Technik im Bau
ランドスケープ・アーキテクチャー：Salathe Gartenbau
芸術面の参加：Chantal Imoberdorf, Caroline Pachoud, Elisabeth Rutz, Aline Vuillomenet

施主

シンセス株式会社

建設年

2012年

プロジェクトの概要

2012年以降、ゾロトゥルン市は国際的な医療機器製造会社、シンセス社の拠点となっている。川と鉄道線路の間の細長い敷地に建つ線形の建物で、歴史的なバロック様式のシティセンターから数百メートルのところにある。

建物の堂々とした趣と厳密なデザインは一瞬で目を引く。幅168メートルで、両側に入口があり、近くで見ると広いファサードが絶妙なプロポーションで構成されていることがわかる。建物の奥行がこのプロポーションの基準となっており、他の全ての立面寸法も、奥行きのスケール感から決定している。

ファサードは2つの層で効果的に構成されている。1つ目の層は、建物の幅一杯に規則正しく並べられた柱で、垂直な柱と水平な梁が交差している。2つ目の層は、突き出た部分とくぼんだ部分が交互になり、ユニットに分割された内部空間と対応している。

巨大な建物ではあるが、全てのエレメントは首尾一貫した建築計画に従っており、数学的厳密さと装飾的な優雅さを併せ持っている。表面処理、材料の選択、装飾の細部まで細心の注意が払われている。例えば、正面玄関の特徴はドアの上の円形に曲げられたガラスの棒で、主階段の手すりにも同じモチーフが小規模ではあるが使用されている。

01 基準階平面図　**02** 1階平面図

01

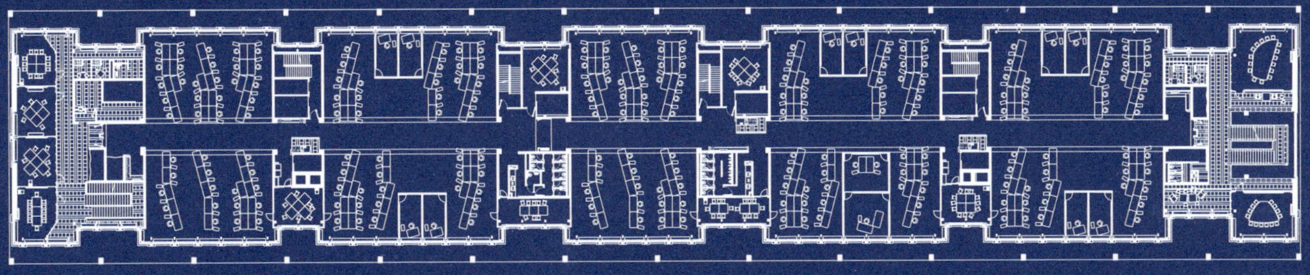

02

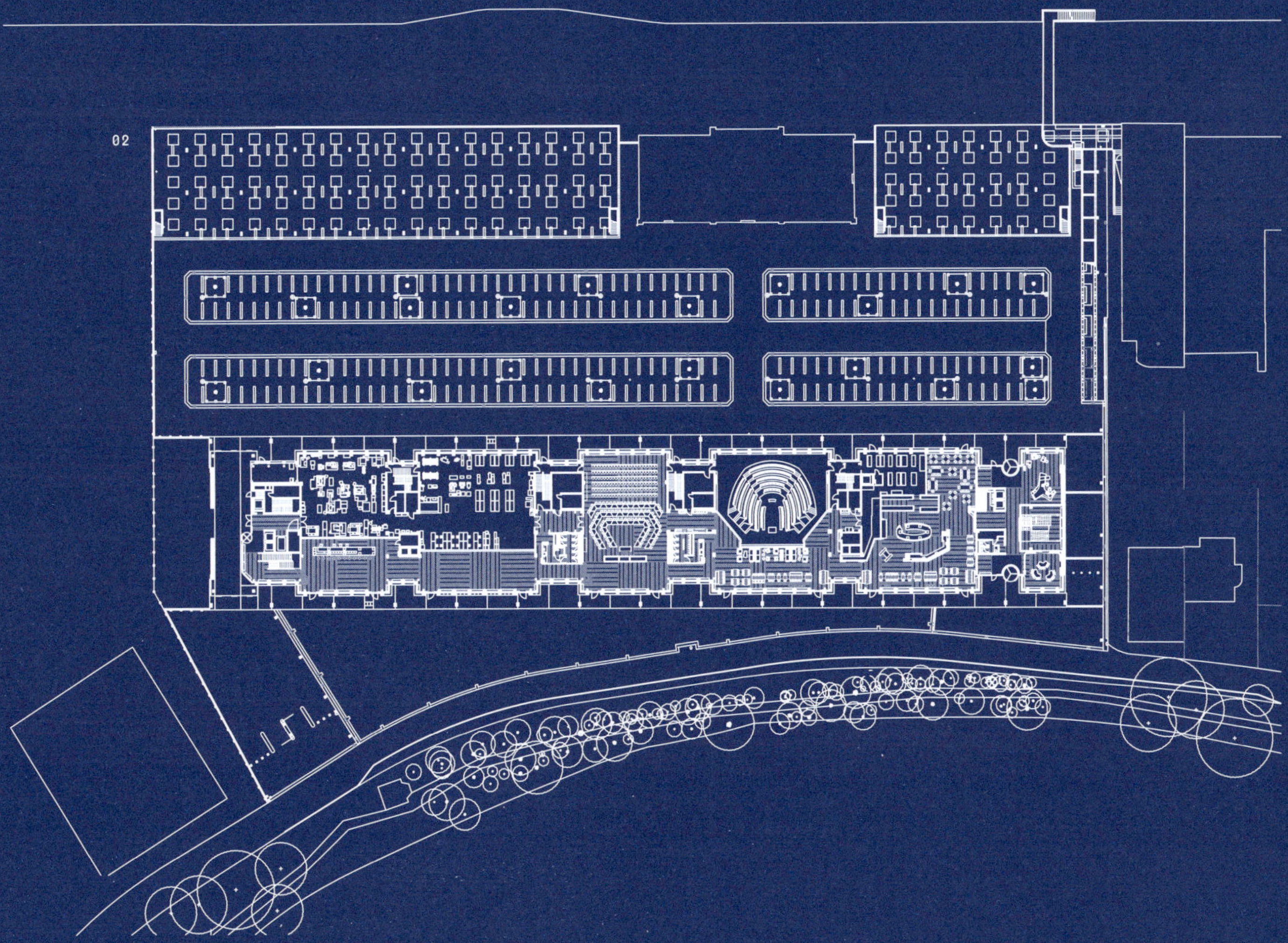

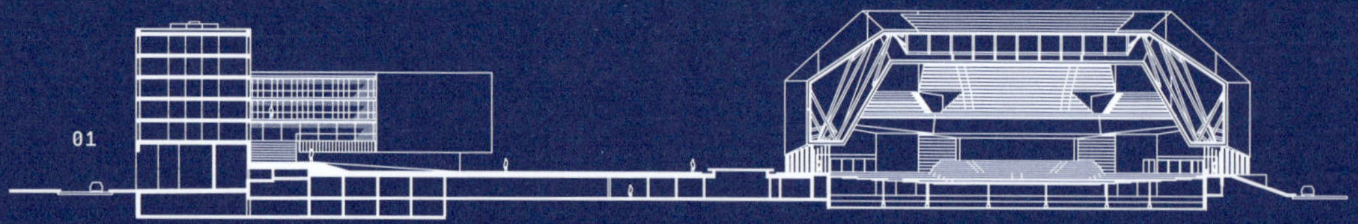

01

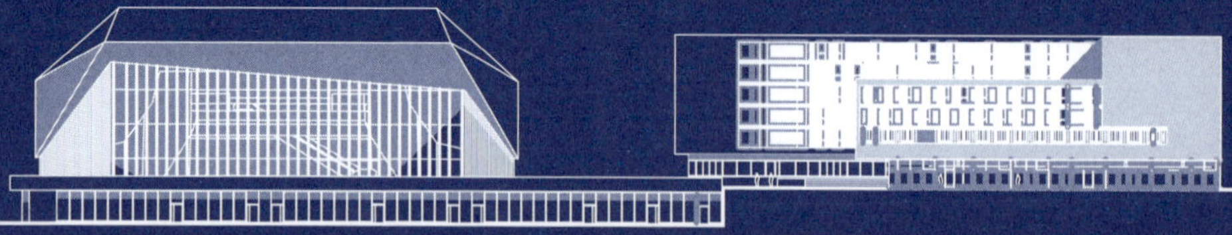

02

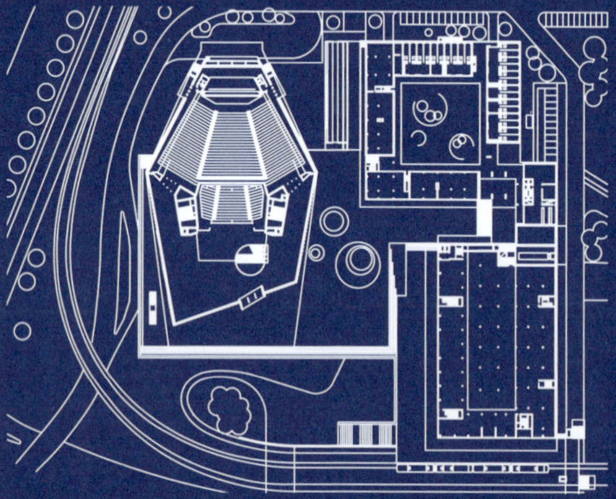

03

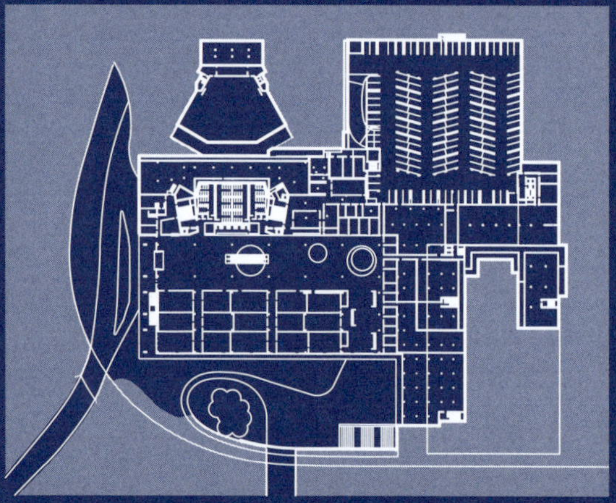

04

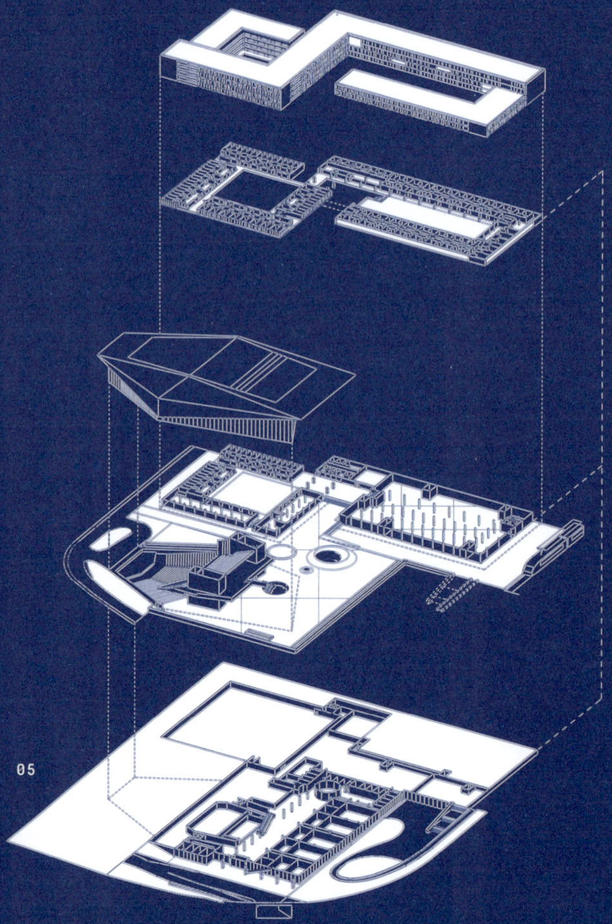

05

005.6

SWISS TECH CONVENTION CENTER & HOUSING

スイステック・コンベンションセンター&ハウジング

エキュブラン

P174-179

建築家

RICHTER DAHL ROCHA

リヒター・ダール・ロシャ
Case postale 1286
CH-1001 Lausanne

電話：+41 21 612 0101
電子メール：architectes@rdr.ch
www.richterdahlrocha.com

他の参加者

主請負業者：HRS Real Estate
構造工学：Ingeni SA+Daniel Willi
地盤工学：Karakas & Français
暖房空調設備：RG Riedweg et Gendre
衛生設備：Duchein
電気設備：Betelec
セキュリティ：Hautle Anderegg+Partner
ファサードシステム：BCS
音響：AAB-Stryjenski & H Monti
ランドスケープ・アーキテクチャー：
L'Atelier du paysage Jean-Yves Le Baron Sàrl
芸術家：Catherine Bolle, Daniel Schlaepfer

施主

クレディ・スイス・リアルエステート・ファンド・ホスピタリティ
クレディ・スイス・リアルエステート・ファンド・リビングプラス、EPFL

建設年

2009-2010年

建設年

2011-2014年

プロジェクトの概要

スイス連邦工科大学ローザンヌ校北キャンパスにある。強い印象を与える大きさと、人目を引くシルエットによって新しいランドマークとなっている。角張った金属の甲羅が地面から持ち上がり、北面と南面は巨大なガラス張りになっている。メインファサードはキャンパスの方を向いており、色素増感太陽電池が組み入れられた透明のパネルが芸術家キャサリン・ボレの色彩設計に従って交互に配置されている。

屋内に入るとロビーがあり、大きなひな壇式ホールに直接通じる印象的な空間となっている。ホールの収容人数は3,000人で、稼働式間仕切りと収納式の椅子を使って、様々な目的に応じられる柔軟性のあるスペースだ。地階の第2ロビーからは、複数のセミナールームに通じている。

会議場はその堂々とした彫刻のような外観にもかかわらず、近くにある学生寮と互いに通じるものがあり、材料や色使いによって建物間に統一感が生まれている。これらの建物が集まって形成されたパブリックスペースは、学生や研究者だけでなく近隣のコミュニティの住人も使用できる。

01,02 断面図　**03** 1階平面図　**04** 地階平面図　**05** 組立分解等角図

005.7

CITY LIBRARY PARK AND PAVILION

市立図書館の公園とパビリオン

ツーク

P180-183

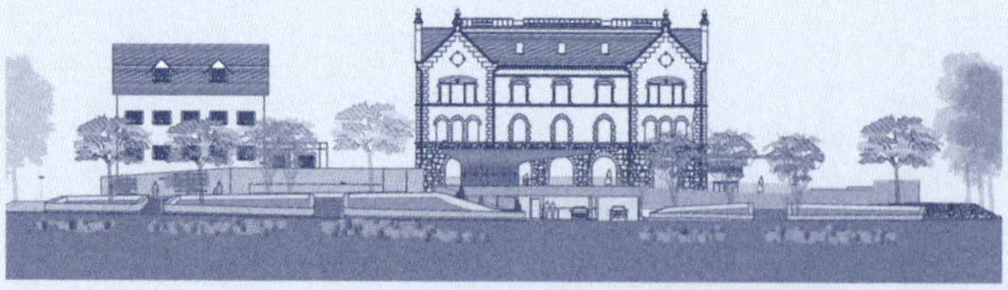

01

02

ランドスケープ・アーキテクト

PLANETAGE
Marceline Hauri, Landschaftarchitekten
Hardstrasse 219
CH-8005 Zurich
電話：+41 44 271 3666
電子メール：mail@planetage.ch
www.planetage.ch

建築家

RAMSER SCHMID ARCHITEKTEN
Hardstrasse 81
CH-8004 Zurich

他の参加者

建設管理：Kolb Landschaftarchitektur
建設と構造：Schnetzer Puskas Ingenieure
照明設備：d-lite Lichtdesign

施主

ツーク州建築局建築課
ツーク市土木部建築課

建設年

2013年

プロジェクトの概要

ランドスケープ・アーキテクトのPlanetageは、ツーク市中心部の地下駐車場の上の殺風景な場所を、質の高いパブリックスペースに変身させた。この公園は既存のインフラストラクチャーの上に造られ、ツーク州と市の図書館の2つの敷地を結んでいる。

ひと際目を引くラムザー・シュミット設計の木のパビリオンからは、新たに造られた公園を見渡せる。木の壁で風通しが良く、換気設備や地下駐車場エレベーターなどの設備を覆い隠している。大きくせり出した屋根は風雨を避けることができる屋外スペースを提供し、ここが公園の北西端であることを示している。

駐車場のコンクリートの上の壁にも木が使用され、縦長い薄い間仕切りが、人目に触れさせたくない建築要素を隠している。間仕切りは、既存の建造物のボリュームをカモフラージュする一方で、歩行者に旧市街地への道順を示し、生垣で囲われ傾斜になった庭を通って下の道路まで続いている。

この再開発は、1970年代に造られたインフラストラクチャーを隠すのではなく、機能的なコンクリートの建造物をうまく利用し、その不規則な幾何学的形状をはっきりと示している。地下の駐車場は、ここの主要なコンポーネントになり、図書館の2つの敷地をつないでいる。

01,02 断面図

005.8

LEUTSCHENBACH SCHOOL

ロイチェンバッハの学校

チューリッヒ

P184-187

建築家

CHRISTIAN KEREZ

クリスチャン・ケレツ

Eibenstrasse 9

CH-8045 Zurich

電話：+41 44 454 4070

電子メール：mail@kerez.ch

www.kerez.ch

他の参加者

プロジェクト・アーキテクト：Christian Scheidigger

ランドスケープ・アーキテクト：4d

構造工学：Dr Schwartz Consulting with dsp, Zurich, Walter Kaufmann, Mario Monotti

ファサード企画：GKP Fassadentechnik, Reto Gloor

建設管理：BGS

音響設備：Martin Lienhard

施主

チューリッヒ市不動産部門

チューリッヒ建築課・ベータプロジェクト管理代表：

ダニエラ・ストウブ、マイク・クリッツクライ

建設年

2005-2009年

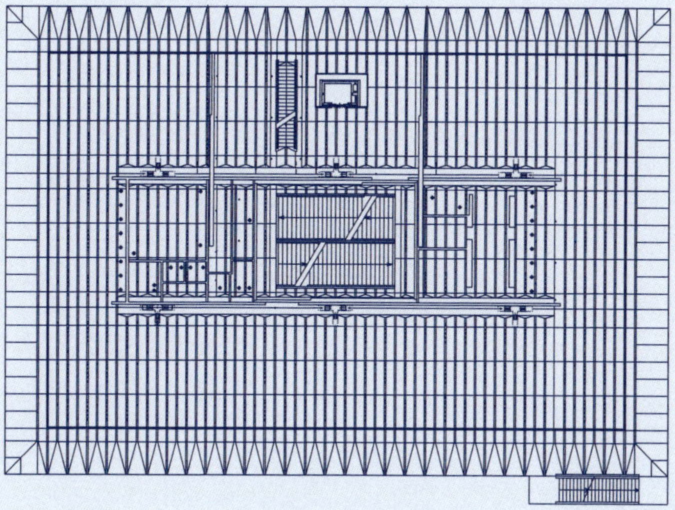

01

プロジェクトの概要

チューリッヒの北端に位置するロイチェンバッハの学校は、コンパクトなプロポーションと半透明のファサードが特徴で、チューリッヒの都市ランドスケープの新しいランドマークとなっている。

建物の土地専有面積を最小限にするために建築家は、画期的な空間解決策を編み出した。建物の様々なエレメントを垂直に積み重ね、ぎっしり詰まった立方体を作り出したのだ。屋内は、パブリックスペースが中二階に配置され、中央階段で小学校と中学校が分かれている。全ての教室がガラス壁で仕切られ、この壁を通して中央の共通エリアと直接つながっている。上の2つの階に講堂、図書館、そして建物頂部に体育館がある。

この建物の強みは構造コンセプトにある。3次元のトラス構造により、空間を互い違いに積み重ねたり、吊り下げたりすることで、学校の多様な機能に合わせて構造が変化している。独自の空間配置と大胆な構造的解決策によって、現代の対話型の教育が可能な優れた学習スペースを生み出し、制約の多い都市の状況下で校舎の新しいプロトタイプを確立している。

01　1階の天井

URBAN
都会

006.1

PRIME TOWER

プライムタワー
チューリッヒ
P190-193

建築家

GIGON/GUYER
ギゴン&ゴヤー
Carmenstrasse 28
CH-8032 Zurich

電話：+41 44 257 1111
電子メール：info@gigon-guyer.ch
www.gigon-guyer.ch

他の参加者

総合建設請負業者：ARGEプライムタワー：
Losinger Construction AGとKarl Steiner AG
ランドスケープ・アーキテクチャー：Schweingruber Zulauf
原価計画：建築プロジェクト／総合建設請負業者提出：
b+p baurealisation AG
構造工学：コンペ：Dr Schwartz Consulting AG；
提出：Dr Schwartz Consulting AG、
Dr.Lüchinger+Meyer AG、Freihofer&Partner AG；
施工：Walt+Galmarini AGとDr Schwartz Consulting AG、
Dr Lüchinger+Meyer AG、Bänzinger Partner AG、
Freihofer&Partner AG
電気設備：提出：IBG Graf AG；
施工：Hefti Hess Martingnoni AG
冷暖房：PB P.Berchtold.
換気：コンペ、提出：Waldhauser AG；
施工：Hans Abicht AG
配管／スプリンクラー：提出：PB P.Berchtold；
施工：GRP Ingenieure.
ファサード：コンペ、提出：GKP Fassadentechnik AG；
施工：Reba Fassadentechnik AG

施主

スイス・プライム・サイト
施主代表：ペロリーニ建設管理

コンペ

2004年

建設年

2005-2011年

プロジェクトの概要

遠く離れた場所からでもプライムタワーはよく見え、チューリッヒのスカイラインを一新した。この126メートルの高層ビルは、ハルトブリュッケ駅の近く、かつての工業地帯にある。この地帯は1990年代以降大きな変革を遂げている。プライムタワーの圧倒的な存在感は、チューリッヒの西セクターの変革過程において重要な役割を果たしている。

この建物は上層に行くほど幅が広がり、不規則な八角形の平面が進化し、見る場所によって彫刻、あるいは水晶のように形が変化する。フレームレスのペアガラスで覆われたファサードは、緑ががかった1枚の膜がはられているようで、様々な反射効果を生み出している。換気のために、窓は交互に建物と平行に開けることができる。

構造と同様に、オフィススペースも上階にいくほど広くなっている。柔軟性のあるコアと共に、フロアアレンジメントのおかげで、空間に多様性があり、日当たりがよい。突き出た部分は、2階または3階にわたって傾斜した鉄筋コンクリートの支持材で支えられている。

この高層オフィスビルには、市民に公開されたスペースもある。1階にはレストラン、カフェ、ショップエリアがあり、上層階には会議室やビストロ、バーなどの飲食エリアがある。

01,02 断面図　**03** 配置図

01

02

03

01

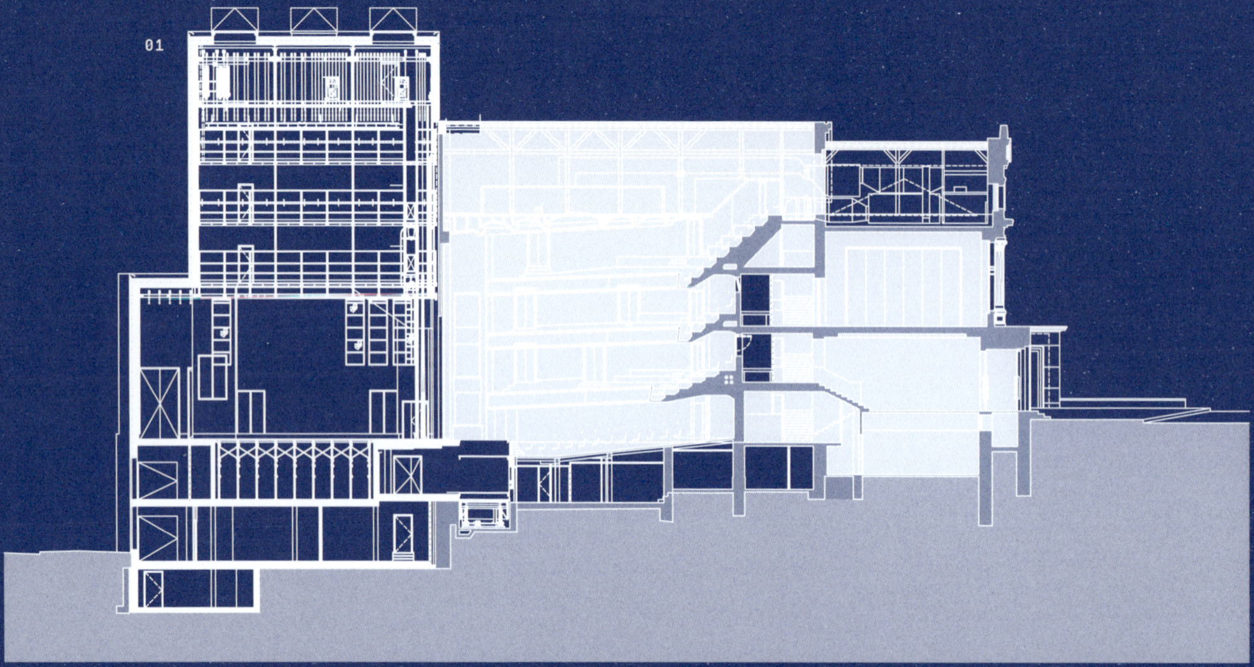

02

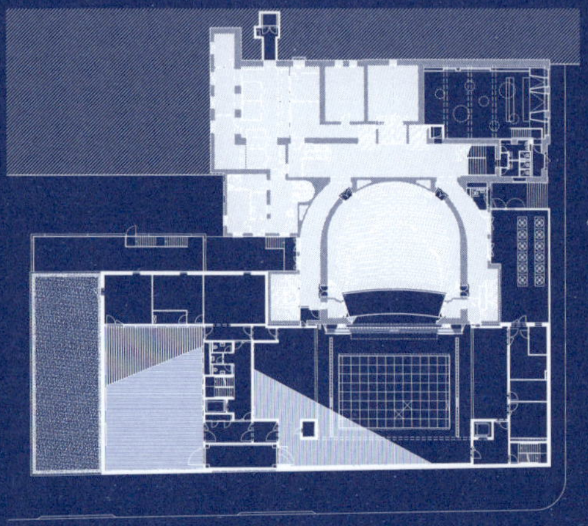

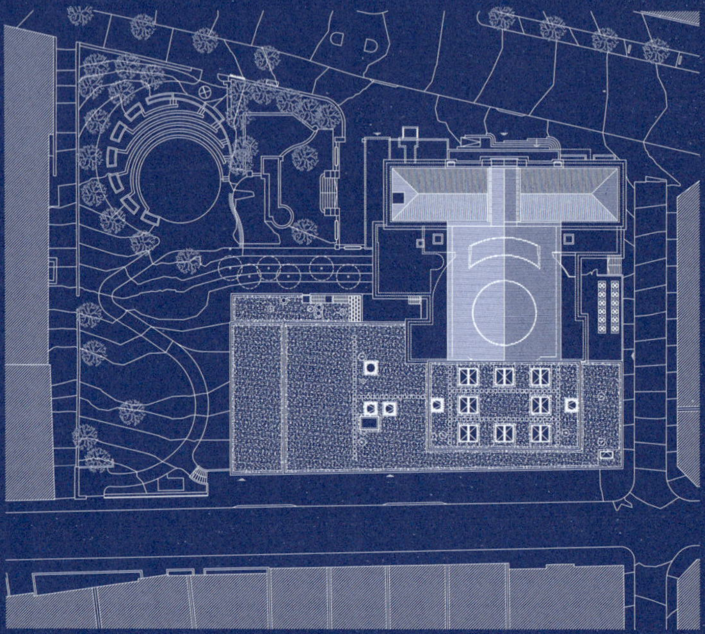

03

006.2

LAUSANNE OPERA HOUSE

ローザンヌオペラハウス

ローザンヌ

P194-199

建築家

DEVANTHÉRY & LAMUNIÈRE

デヴァンテリー＆ラミュニエール

Rue Gourgas 5

CH-1205 Geneva

電話：+41 22 307 0130

電子メール：mail@dl-a.ch

www.dl-a.ch

他の参加者

共同製作者 dl-a:Patrick Devanthery, Aelxandra Wendt, Christian Pesch, Cédric Dusserre

土木工学：ab Ingénieurs

衛生設備：Weinmann-Energies

冷暖房空調設備：Weinmann-Energies

電気工学：Scherler Ingénieurs-Conseils

立体映像：Architecture & Technique, France

音響設備：Xu-Acoustique, France

金属ファサード：Félix Construction

施主

ローザンヌ市、住宅・不動産部、文化部

施主代表：建築部

コンペ

2005年

建設年

2010年-2012年

プロジェクトの概要

1871年に建てられたローザンヌオペラハウスは、大規模な芸術施設であるとともにローザンヌの文化的に注目を集める存在の1つでもある。ローザンヌ市は2001年に、将来最適な状態で優れた作品を上演できるよう、建物とその設備を近代化することを決定した。

オペラハウスの改修には、大きく分けて3つの側面があった。1つ目は、既存の建物の改修で、建物自体にはできるだけ手を加えることなく、舞台装置のグレードアップを中心に行った。2つ目は造園で、パブリックエリアを建物の北側から南側につなげる魅力的な緑地を新たに作った。そして、最も重要なのは、既存の建物の南西に増築する建物の設計だった。

増築した建物は、劇場通りからほとんど見えないが、下手のルー・ボー・セジュールから見ると特に印象的である。5階建てで、幅が広く低層のボリュームとコンパクトで垂直方向にのびたボリュームの2つで構成されている。垂直なボリュームは既存の建物に続いており、舞台が設置されている。どちらのボリュームも、艶消し、サンドブラスト、鏡面仕上げの3種のスチールパネルで覆われている。

外から見ると、古い建物と新しい建物の境は明らかであるが、屋内では観客席と舞台の境で古い建物と増築部分が自然につながっている。

01 断面図 **02** 1階平面図 **03** 配置図

006.3

VOLTA CENTER

ヴォルタ・センター

バーゼル

P200-203

建築家

BUCHNER BRÜNKOER ARCHITEKTEN

ブフナー・ブリュンドラー・アーキテクテン
Utengasse 19
CH-4058 Basel

電話：+41 61 306 3000
電子メール：mail@bbarc.ch
www.bbarc.ch

他の参加者

総合建設請負業者：Implenia Generalunternehmung
ランドスケープ・アーキテクツ：
Dipol/Westpol Landschaftsarchitekten

施主

リアルプロジェクト株式会社、バーゼル

コンペ

2005-2006年

プロジェクト企画

2006-2008年

建設年

2008-2010年

プロジェクトの概要

　バーゼルにある多目的ビルで、周囲の都市環境の特徴に応じて外観が様々な形に変化し、一つの岩のように見える。頑強な印象で、再開発地区の目玉となっている。白いサーモコンクリートの壁が建物を包み、ヴォルタ通り側の柔らかな曲線のファサードから、ザンクトヨハン駅に面した直角で構成されるファサードへと続いている。

　ライン川からヴォルタ通りに沿って進むとオープンスクエアがあり、その向こうにあるザンクトヨハン駅に面している。岩を切り落としたようなメインファサードを抜けると、小さな広場が現れ、ここは市民の生活の場となっている。それと同時に、この建物の面取りをしたような外観は、隣接したルツェルナーリングの高架橋と対照的で、開放的な雰囲気を漂わせている。

　表から住宅部分へは、ヴォルタ通りに沿って高くなったり低くなったりしながらジグザグに移行する。一方、屋内の商業スペースは、柔軟に使用できるよう設計されている。1階にはショップやサービスエリアがあり、ファサードに挟みこまれるような形でアパートの入口がある。住宅部分は、それぞれの部屋が2つ以上の方向に面するように配置され、大きな中庭の景観を楽しめる。

01 基準階平面図　**02** 断面図

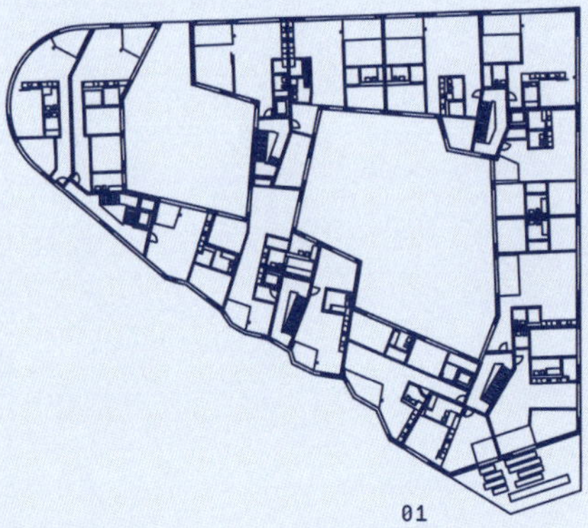

01

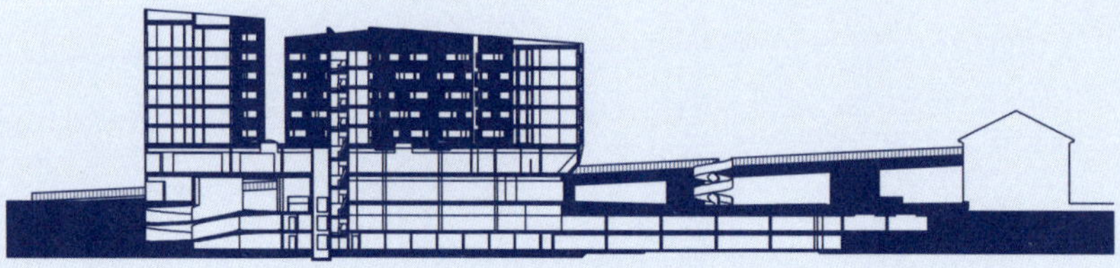

02

006.4

INNER FAÇADE FEDERAL COURT

連邦裁判所の内側ファサード

ベッリンツォーナ

P204-205

天井の設計

GRAMAZIO KOHLER ARCHITECTS
グラマツィオ&コーラー アーキテクツ
Wasserwerkstrasse 129
CH-8037 Zurich

電話：+41 44 350 2125
電子メール：info@gramaziokohler.com.
www.gramaziokohler.com

建築家

CDLベアルス＋デプラゼス・アーキテクテン　クール／チューリッヒ
ヴァレンティン・ベアルス、アンドレア・デプラゼス、ダニエル・ラッドナードウ
ドーリッシュ+ノーリ建築事務所、マッサニョ
ピア・ドーリッシュ、アルド・ノーリ

他の参加者

構造設計：Jürg Buchli, Conzett Bronzini Gartmann AG
音響企画：PD Dr Dorothea Baumann with Lanfranchi Ingénierie
モールド供給者：NOE Schaltechnik
プレハブエレメント：TGM Prefabbricati

施主

Bundesamt für Bauten und Logistik BBL
（連邦建築・物流事務局）

建設年

2013年

01

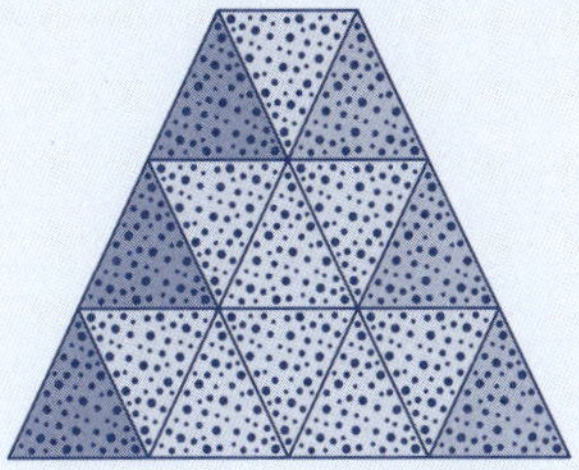

02

プロジェクトの概要

ベッリンツォーナの連邦刑事裁判所は2013年に改修・増築され、2つの法廷はこの建物の目玉となっている。先端が切り取られたピラミッド形の法廷に、壮麗なドーム型天井がかぶさっている。天井の装飾的なパネルは、建築家グラマツィオ&コーラーの作品である。

この建築家たちはデジタルファブリケーションの専門家で、完全なデジタルによるデザインと製造プロセスを使って、花のモチーフで飾られた内壁を作り上げた。ドームの4つの面はそれぞれ15枚の三角形のコンクリートパネルから成り、パネルには多くの穴があいている。プロジェクトの複数の要求、すなわち音響・構造・意匠に関する要求を満たすよう設計されている。

プロジェクトの最初の段階から3Dモデリングを使用することで、最適な形のデザインエレメントを作り出すことができ、3種の主要パネル（標準形1つと横向き2つ）の組み合わせだけで構成されている。こうしてできたモチーフが、大きな表面に繰り返し使用されることで、抽象的なレリーフパターンになっている。この装飾が、ベアルス+デプラゼスとDurisch + Nolliの落ち着きのある建築のアクセントとなり、明るく優雅なスタイルの法廷が生まれた。

01 パネル細部　**02** 組み立てたパネル立面図

01

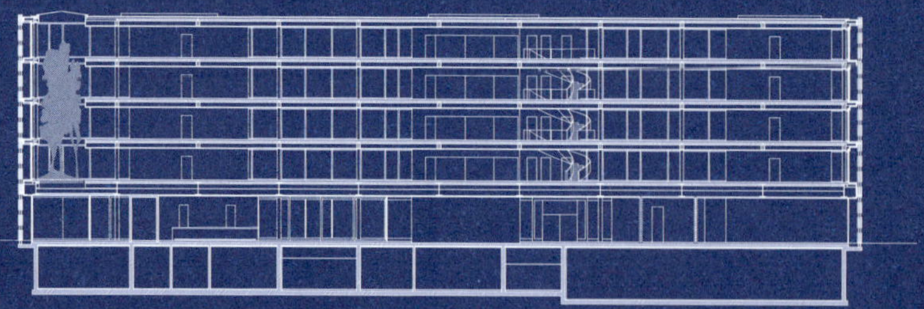

02

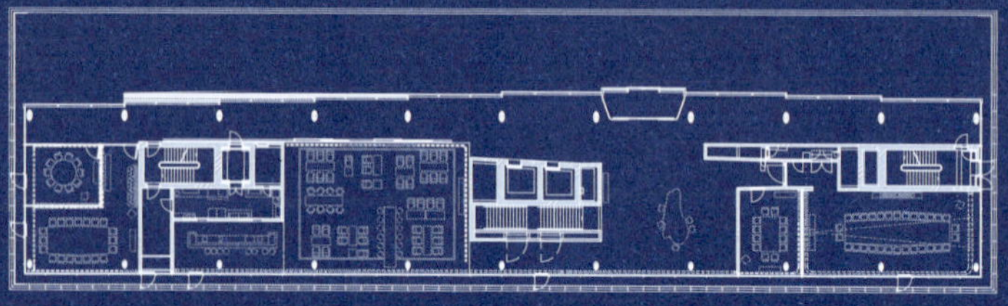

03

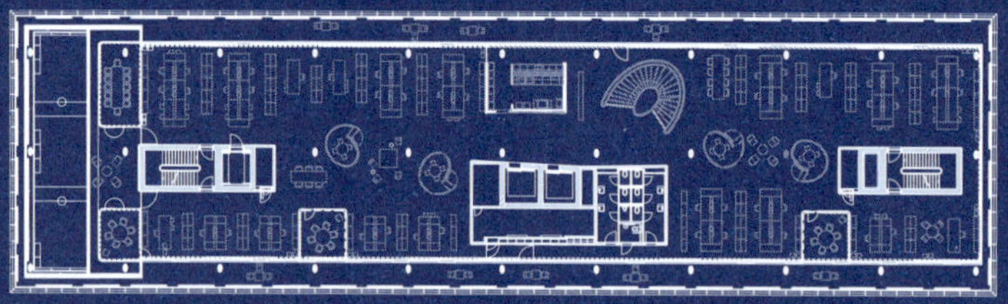

04

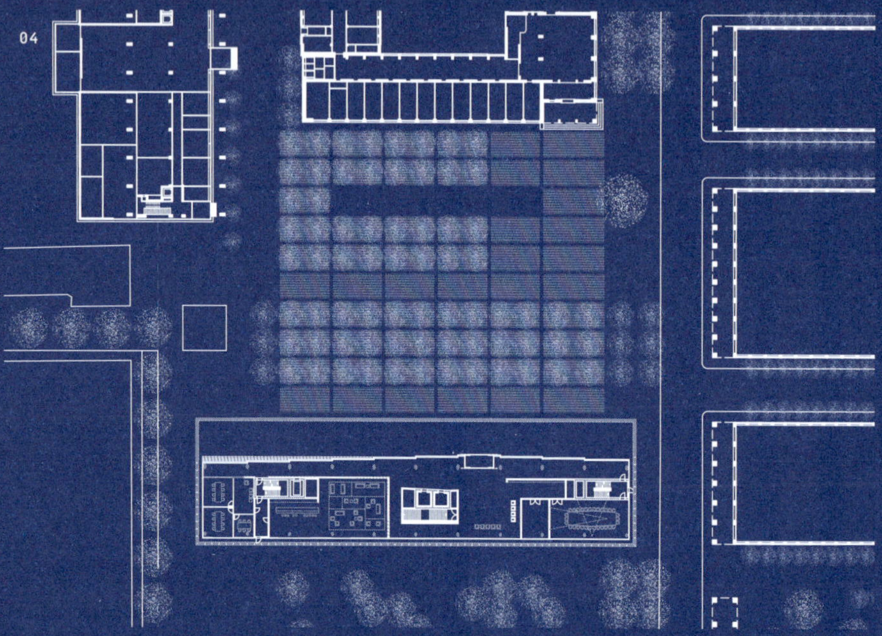

006.5

NOVARTIS CAMPUS FORUM 3

ノバルティス・キャンパス、フォーラム 3

バーゼル

P206-211

建築家

DIENER & DIENER
ディーナー＆ディーナー
Henric Petri-Strasse 22
CH-4010 Basel
電話：+41 61 270 4141
電子メール：buero.basel@dienerdiener.ch

Rosenthaler Strasse 40/41
D-10178 Berlin
電話：+49 30 285 39 810
電子メール：buero.berlin@dienerdiener.de
www.dienerdiener.ch

他の参加者

インテリアデザイン、コンサルティング：
Sevil Peach Gence Associates
構造エンジニア：Ernst Basler+Partner
ランドスケープ・アーキテクチャー：Vogt Landschaftsarchitekten
人工光：Licht Kunst Licht
ファサード計画：Emmer Pfenninger Partner
構造工学：Brunnschweiler Heer
建設管理：Buro fur Bauokonomie

施主

ノバルティスファーマ株式会社

コンペ

2002年

建設年

2005年

プロジェクトの概要

ノバルティス・キャンパス・バーゼルに最初に完成したこの建物は、ノバルティスの革新的な研究と社員に対する約束を形にしたものだった。このプロジェクトの目的は、コミュニケーションの集約される場として、ノバルティス・キャンパスの想像力の源となり、機能性と意匠性を兼ね備えた職場環境を提供することであった。

ファサードは金属の棒から吊り下げられた、色調、厚さ、大きさが異なる3層のガラスで構成され、これらのガラスによってシンプルな立方体の構造に独特な表情が生まれている。ガラスの色、透明度、反射が動的なパターンを生み出し、表面に当たった光の変化に伴ってこのパターンが変化する。

屋内は、アメリカンウォールナットの曲線形の階段が各階をつなぎ、全フロアを1つにまとめ、1つのユニットとなっている。ユニットはオープンプランの仕事場、会議室、休憩室、周囲を取り囲むバルコニーで構成されている。1階は、ゆったりとした玄関ホールから会議室やレストランにつながり、レストランはキャンパスの主要な集いの場であるフォーラムに面している。

このビルは内部と外部どちらも等しく感じられるように設計されており、ディーナー＆ディーナーは個人の活動にも集団の活動にもふさわしい場所を入念に作り出している。また、この建物自体がキャンパスや都市との関連を考慮して位置づけられているように、内部では、全社員が自分のチームとの関係のなかでスペースを割り当てられている。

01 断面図　**02** 1階平面図　**03** 標準オフィスプラン　**04** 配置図

006.6

STUDENT HOUSE OF THE GRADUATE INSTITUTE

大学院学生寮

ジュネーブ

P212-215

建築家

LACROIX | CHESSEX
Rue des Cordiers 4
CH-1207 Geneva

電話：+41 22 300 5407
電子メール：info@lacroixchessex.ch
www.lacroixchessex.ch

他の参加者

土木工学：Ott B.and Uldry C.Sàrl,
Thomas Jundt Ingénieurs Civils
電気工学：Ingenieurs conseils Scherler
冷暖房空調設備：Energestion
衛生設備：Schumacher Ingenierie
建築物理学工学：Sorane
音響設備：AcouConsult Sàrl
セキュリティ：Ecoservices
ファサード：BCS
工事測量：Ney&Hurni
ランドスケープ・アーキテクチャー：Vogt Landschaftsarchitekten

施主

国際・開発研究大学院

建設年

2012年

プロジェクトの概要

電車でジュネーブを訪れた人は、電車が駅に入るとアッと驚く。線路と背中合わせに、長いゆるやかな曲線の建物が、彫刻のようにそびえ立っている。この学生寮は、急速に変化するジュネーブの中心エリアにあり、将来的には国際・開発研究大学のキャンパスの一部となる。

この建物は10階建てで、通学者用駐車施設の西端に位置し、駐車施設がこの建物の構造的基盤となっている。サービスルームと共用エリアは全て通りと同じ高さの1階にあり、住居部分は上層階に配置されている。全ての部屋は、東面から西面に向かって並んでおり、屋外の屋根付き通路から各部屋に入る。通路は学生たちが集う共有スペースでもある。

10枚の跳ね出したコンクリートスラブは鉄道の騒音をやわらげるとともに、遮光も兼ねる。高層になるほど小さくなるので、構造が軽くなっていくように見える。また、垂直に重ねられたことで、西側ファサードに視線を導くとともに、建物の垂直方向を強調している。シンプルな構造設計によって洗練された建物が生まれ、線路沿いという立地条件がもたらす制約にもダイナミックに対処している。

01 基準階平面図　**02** 断面図　**03** 南立面図　**04** 断面図

01

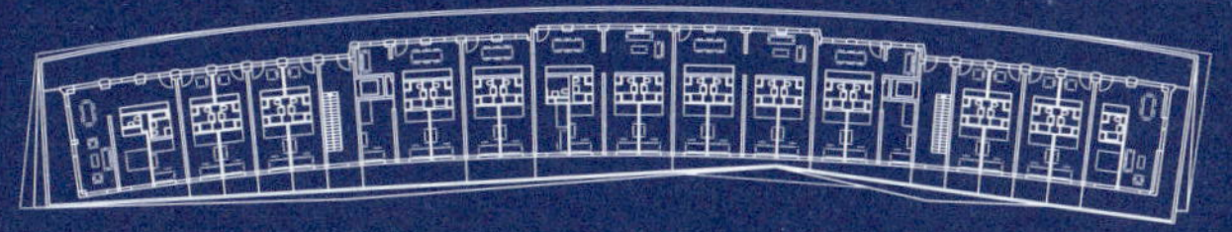

02

03

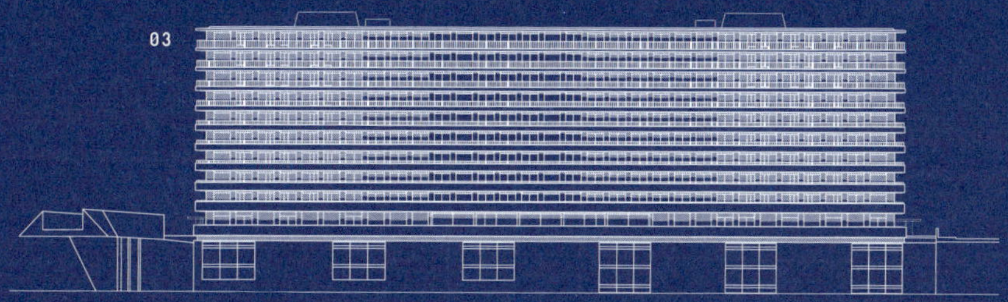

04

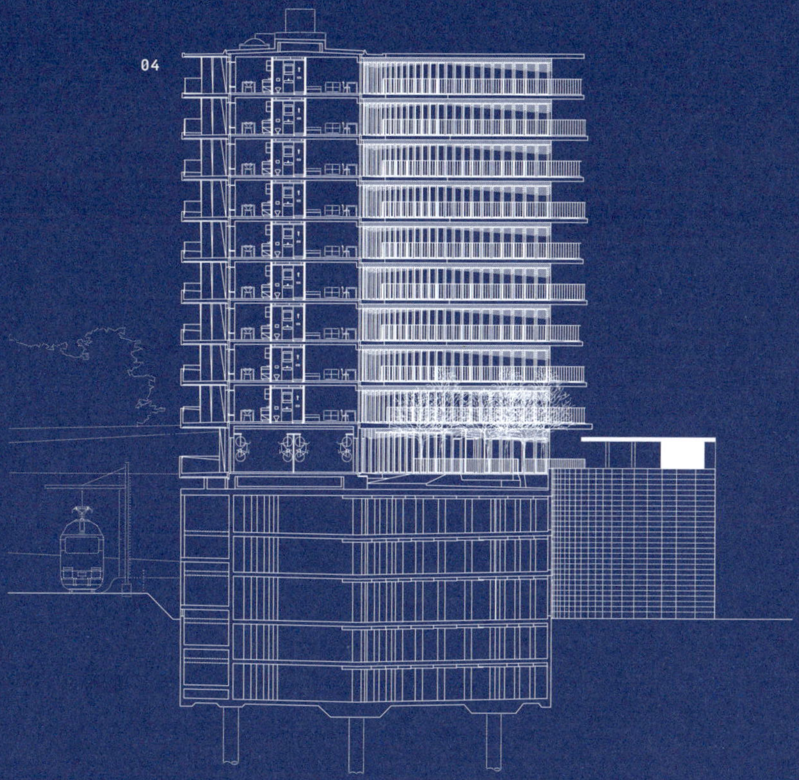

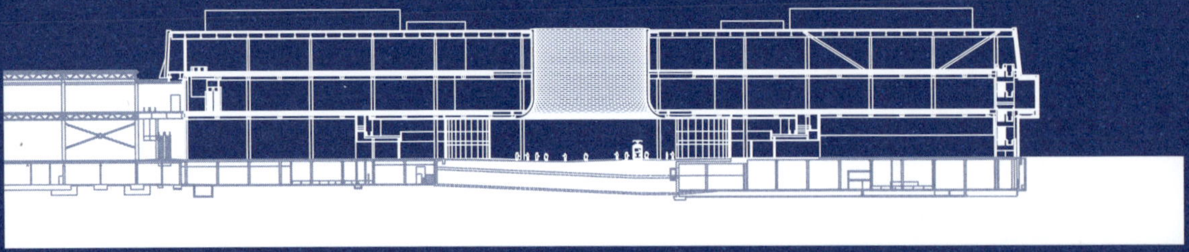

01

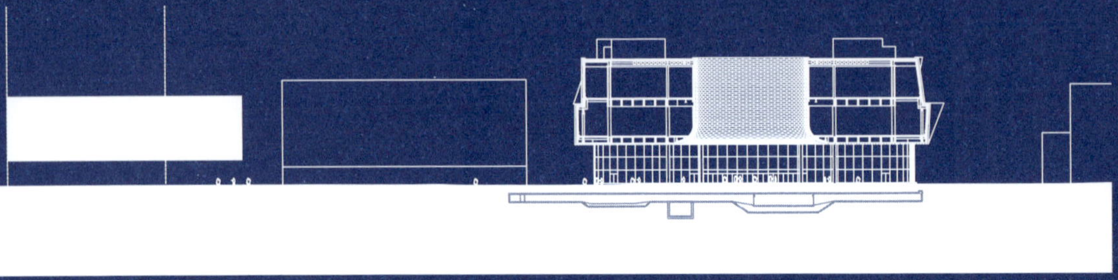

02

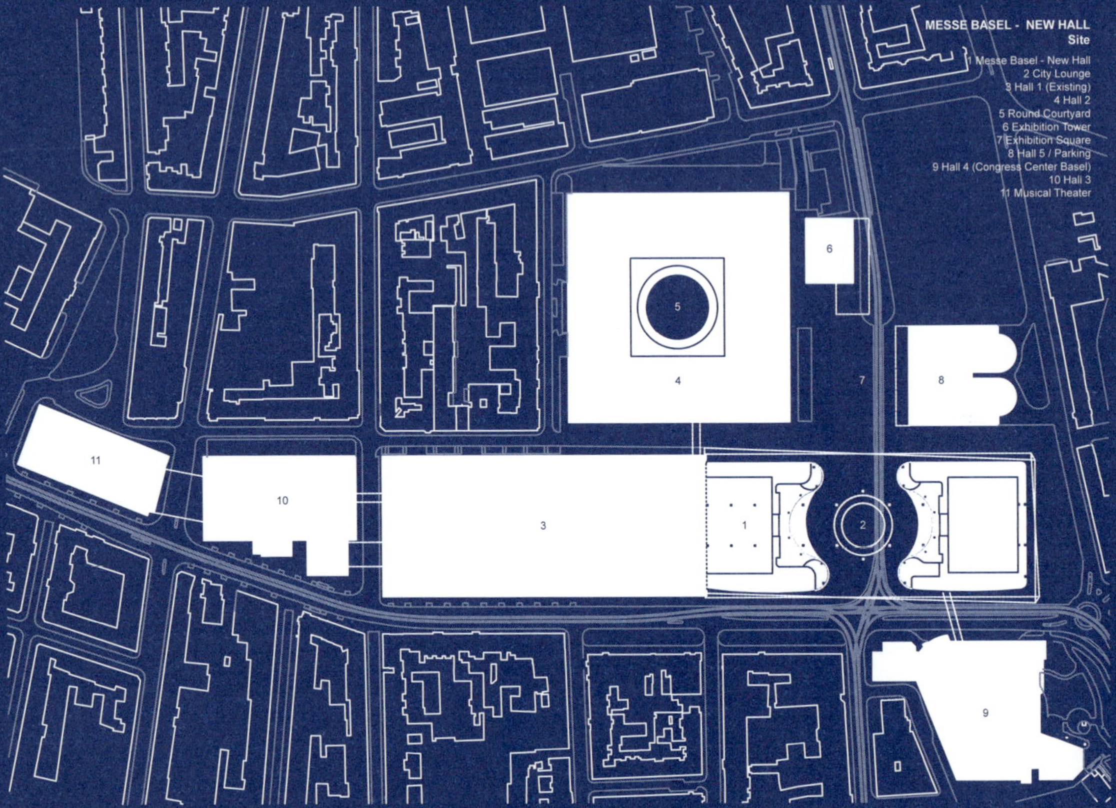

03

メッセバーゼル—新しいホール　敷地

1.メッセバーゼル—新しいホール　2.シティラウンジ　3.ホール1(既存)　4.ホール2　5.円形中庭　6.展示タワー
7.展示広場　8.ホール5／駐車場　9.ホール4（バーゼル会議場）　10.ホール3　11.ミュージカルシアター

006.7

NEW HALL FOR MESSE BASEL

メッセバーゼルの新しいホール

バーゼル

P216-221

建築家

Herzog & De Meuron
ヘルツォーク＆ド・ムーロン
Rheinschanze 6
4056 Basel

電子メール：info@herzogdemeuron.com
www.herzogdemeuron.com

他の参加者

企画（総合企画者段階）：総合企画：ARGE GP, Herzog &
de Meuron／Burckhardt＋Partner AG, Basel
構造工学：ARGE Gruner AG／Ernst Basler＋Partner AG
電気冷暖房空調設備：ARGE Scherler AG／Aicher de Martin
Zweng AG／Herzog Kull Group AG
ファサード工学：Neuschwander＋Morf AG Lighting
Consultant:Bartenbach LichtLabor GmbH
企画（総合建設請負業者段階）：総合建設請負業者：
HRS Real Estate AG, Frauenfeld.
構造設計：Ribi＋BlumAG Ingenieure und Planer;
Gruner AG; WITO Engineering
GmbH
電気設備：Herzog Kull Group AG. HVAC
工学：Lippuner Energie-und Metallbautechnik AG;
CM Engineering GmbH; Plodeck Kurt ECS.
ランドスケープデザイン：Vogt Landschaftsarchitekten.
企画（総合企画者段階）：総合企画：ARGE GP, Herzog &
de Meuron／Burckhardt＋Partner AG, Basel.
構造工学：ARGE Gruner AG／Ernst Basler＋Partner AG
電気冷暖房空調設備：ARGE Scherler AG／Aicher de Martin
Zweng AG/Herzog Kull Group AG
ファサード工学：Neuschwander＋Morf AG
照明コンサルタント：Bartenbach LichtLabor GmbH
計画（総合建設請負業者段階）：総合建設請負業者：
HRS Real Estate AG, Frauenfeld.Structural
Engineering: Ribi＋Blum AG Ingenieure und Planer;
Gruner AG; WITO Engineering GmbH.
電気設備：Herzog Kull Group AG
冷暖房空調設備：Lippuner Energie-und Metallbautechnik
AG; CM Engineering GmbH; Plodeck Kurt ECS
ランドスケープデザイン：Vogt Landschaftsarchitekten

施主

MCHスイスエクシビション（バーゼル）

企画

2004-2012年

建設年

2010-2013年

プロジェクトの概要

メッセバーゼル展示場では毎年、「アート・バーゼル」や「バーゼル・ワールド」などの国際的なフェアが開催されている。2013年に新しい展示場が追加され、3フロアで38,000m^2の展示スペースを提供している。

通常展示スペースは、コンパクトで窓のない単調な空間だ。しかしここでは、型にはまらない立体的な構成で、多層構造の展示スペースが互いを補完し、ダイナミックなフォルムが出来上がっている。さらに、ねじれたアルミニウムの帯でできた金属の膜がファサードに動きをつけている。

「シティラウンジ」と呼ばれる屋根付きのパブリックスペースもこの建物の特徴で、頭上が円形にあいている。そこにはバー・レストラン・ショップがあり、新しい複合施設のメインエントランスに通じている。ガラス張りの2つのロビーは、展示ホールやイベントスペースにつながる。

このプロジェクトは展示場を再定義し、都市の中にうまく統合している。屋根付きのプラザは、利用者や地元住人のための質の高いパブリックスペースであり、一年を通じて開放されている。

01,02 断面図　**03** 敷地図

006.8

INSTITUTES OF PATHOLOGY AND FORENSIC MEDICINE

病理学・法医学研究所

ザンクト・ガレン

P222-224

建築家

SYLVIA GMÜR RETO GMÜR ARCHITEKTEN
シルヴィア・グミュール・レト・グミュール・アーキテクテン
Pfluggasslein 3
CH-4001 Basel

電話：+41 61 261 2462
電子メール：mail@gmuerarch.ch
www.gmuerarch.ch

他の参加者

建設管理：Walter Dietsche Baumanagement
土木工学ZPF Ingenieure
冷暖房空調設備：Dr Eicher+Pauli
電気設備：IBG Graf
照明：EE-Design
芸術面での参加：Lori Hersbeger
ファサードシステム／太陽光保護：Diralsa
ファサード工学：PPEngineering

施主

ザンクト・ガレン州

建設年

2009-2011年

プロジェクトの概要

ザンクト・ガレン州立病院の病理学・法医学研究所に新設された複合ビル。2方向を向いており、2つの異なる地域とつながっている。上のボリュームは住宅地区に面しており、下のボリュームは病院セクターと平行に建っている。

主なデザインモチーフは正方形で、このモチーフが建物全体に様々な大きさで繰り返されている。プランは同心の正方形の層で構成され、真ん中に中央ラウンジがある。そこに天井から入る光が3フロアを通り抜ける。明るく照らされたスペースは来客用で、上層のオフィスと研究所は中央の空間を囲むように配置されている。地下には解剖室と機械室があり、これらの部屋にも一段低い中庭から自然光が入る。

光の使い方は、この建物の空間配置の重要なポイントである。自然光はアルミニウムの外装の斜めの穴を通してフィルターにかけられ、入念に配置されたガラスパネルや天窓を通って建物の奥まで届く。反射し、フィルターを通り、角度のついた光が、機能的な空間を微妙な色に染めている。

01,02 断面図　**03** 地階平面図

01

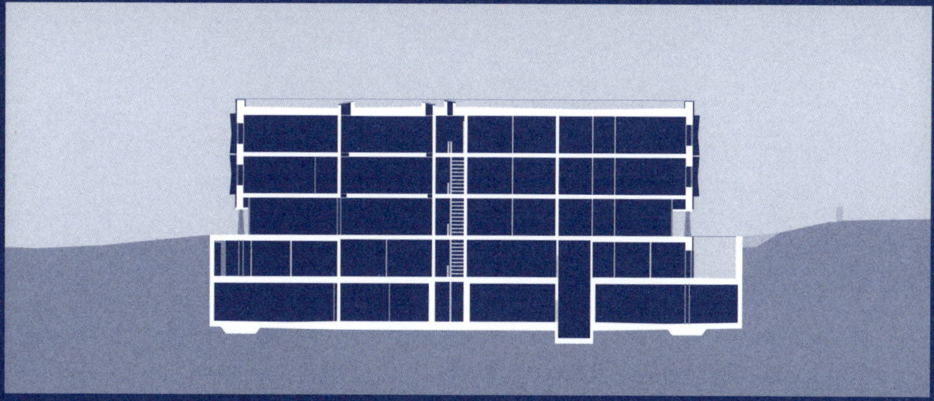

02

03

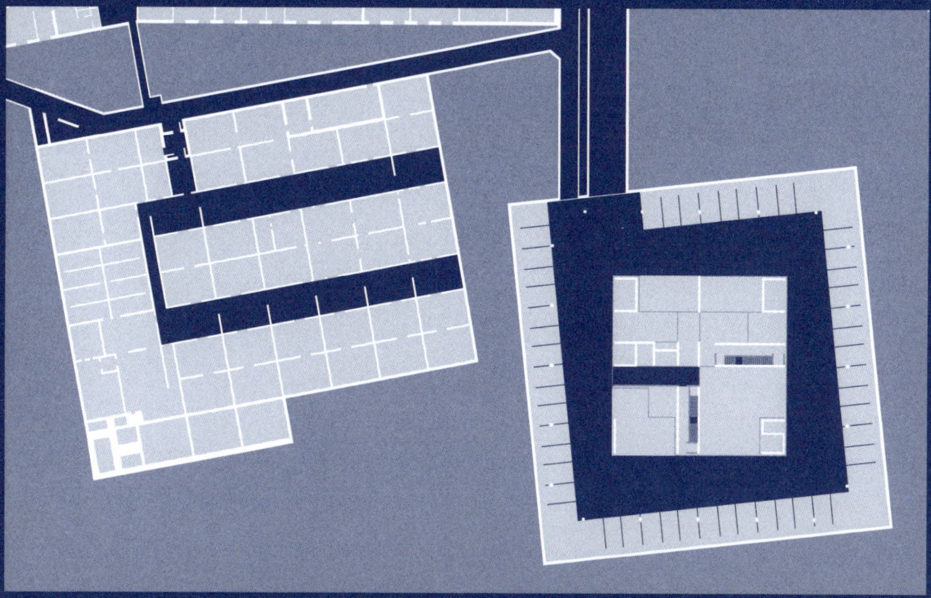

翻訳協力／株式会社トランネット
装丁・デザイン／山田知子（chichols）

世界の夢の名建築
［スイス編］
New Swiss Architecture

2017年1月20日　初版第1刷発行

著者　マヤ・ブルク・フォン・グラエベニッツ
　　　ナタリー・ヘルシュドルファー

訳者　藪盛子

発行者　澤井聖一

発行所　株式会社エクスナレッジ
〒106-0032
東京都港区六本木7-2-26
http://www.xknowledge.co.jp/

お問い合わせ　編集　TEL：03-3403-1381
　　　　　　　　　　Fax：03-3403-1345
　　　　　　　　　　info@xknowledge.co.jp
　　　　　　　販売　TEL：03-3403-1321
　　　　　　　　　　Fax：03-3403-1829

New Swiss Architecture
by Nathalie Herschdorfer
Published by arrangement with Thames & Hudson Ltd, London
Through Tuttle-Mori Agency, Inc., Tokyo
New Swiss Architecture © 2015 Nathalie Herschdorfer
Introduction © 2015 Hubertus Adam
Project texts © 2015 Maya Birke von Graevenitz
Designed by Steve Rusell
Manufactured in China by Imago
Translated by Seiko Yabu
This edition first published in Japan in 2016 by X-Knowledge Co.Ltd, Tokyo.
Japanese edition © 2016 X-Knowledge Co.Ltd.

謝辞

本書は、スイスの最高峰の建築家たちの最近の作品を取り上げている。このプロジェクトの発端となったのは“Swiss Positions – 33 Takes on Sustainable Approaches to Building”と銘打ったスイス連邦主催の展覧会で、世界40都市で開催された。そして、この巡回展の成功が、この本が生まれる原動力となった。

この展覧会の開催に向けて尽力してくださったスイス外務省（FDFA）の皆さんに感謝の意を表したい。外務省の方々の熱意なくしてこのプロジェクトはありえなかった。外国文化政策センターの当時の所長、ジャンフィリップ・ユッツィ氏が、プロジェクトの立ち上げに力を貸してくださった。Presence Switzerland（訳注：スイス外務省のスイス紹介サイト）とこの巡回展の実現に手を貸してくださった全ての外交関係者の方々にもお礼を述べたい。

こういった有職者の皆さんだけでなく、以下のスイス建築の専門家の皆さんからも貴重なアドバイスをいただいた。お名前を挙げると、レト・ガイザー、ガス・ウォータム准教授（ライス大学建築学部、テキサス州、ヒューストン）、ブルーノ・マーシャン（EPFL建築研究所建築理論・建築史第2研究室室長）、クリストフ・ユーツ（EPFL建築研究所建築理論建築史第2研究室科学助手）。建築に関していろいろ教えてくださったバーゼルのスイス建築博物館館長、フベルトゥス・アダム氏にも心からの感謝の意を述べたい。

さらに、以下の建築家の皆様からも多大なご協力を賜った。アンドレアス・フーリマン&ガブリエーレ・ヘーフラー、ミラー＆マランダ、Clavienrossier、クリスティアン・ミュラー＆SeARCH、ベアルス&デプラゼス、NICKISCH SANO WALDER、サヴィオ・ファブリッツィ・アルシテクト、ETHスタジオ・モンテ・ローザ、ザッハ＆ツント、ペンツェル - ヴァリエ、グラバー・プルファー、GENINASCA DELEFORTRIE、EM2N、シュタウファー＆ハスラー、コリンナ・メン、ドライア・フレンツェル、ジョン・A・カミナダ、FRUNDGALLINA、グレーバー＆シュタイガー、:MLZD、idA BUEHRER WUEST ARCHITEKTEN、クリスト&ガンテンバイン、スモレニキー＆パートナー、マーカス・シュイッツ・アーキテクテン、ヴァレリオ・オルジャティ、ローカルアーキテクチャー、2Bアーキテクト、NB.ARCH、パスカル・フラマー、ボナール・ウォーフライ、BUZZI STUDIO D'ARCHITETTI、ラファエル・ズーバー、DURISCH＋NOLLI、MADR IN、チャールズ・ピクテ、E2A、ナルキェヴィッチ＆フィッカート、ボルツハウザー・アーキテクテン、メルクリアーキテクト、リヒター・ダール・ロシャ、PLANETAGE、ラムザー・シュミット、クリスチャン・ケレツ、ギゴン＆ゴヤー、デヴァンテリー&ラミュニエール、ブフナー・ブリュンドラー、グラマツィオ＆コーラー・アーキテクツ、ディーナー＆ディーナー、LACROIX|CHESSEX、ヘルツォーク＆ド・ムーロン、シルヴィア・グミュール・レト・グミュール・アーキテクテン。

写真集という性質上、写真家の皆さんがいてこその本書である。写真家の皆さんに感謝の意を表したい。ゲオルク・アニ、トナティウ・アンブロゼッティ、イワン・バン、グイード・バセルジャ、ローランド・バーナス、マーカス・バーチイ、ヘリーン・ビネー、ラデック・ブルネキ、ビート・ビューラー、アンドレアス・ブッシュマン、ルシア・デゴンダ、ラルフ・フェイナー、ロジャー・フレイ、アイク・フレンゼル、マチウ・ガフソ、アレキサンダー・ゲンペラー、フランセスカ・ジョブァネッリ、フェルナンド・グェッラ、マイケル・エリック・ハウク、ハネス・ヘンツ、ラルフ・ハット、トーマス・ヤンチャー、バレンティン・ヤック、ミロ・ケラー、ローマン・ケラー、イワナ・マリネスク、ロスモス・ノーランダー、エリカ・オバミア、キャロライン・パラ、ファウスト・プルヒノタ、クリスチャン・リヒタース、フランツ・リンジスバッハ、マイケル・シュミット、ハーゲン・シュティア、フィリップ・シェーラー、ジョエル・テタマンティ、ドミニク・オルディ、ハビエル・ミゲル・バーム、ティース・ウェヒター、ニコラ・ローマン・ヴァルベック、ルーディ・ヴァルティ、ドミニク・マーク・ウェールリ、ディビッド・ヴィレン、ルーカ・ザニア。

プロジェクトの様々な段階で以下の皆さまからお力添えをいただいた。ジュリアン・バラス、マキシム・デュボアザン、ピエール・フラー、セリーヌ・エニィ、ブリジット・イェルマン、パトリック・クレクル、クリストフ・モナーツ、アンドレアス・ニルソン、ニコラス・アレクサンドル・ルッツ、キャサリン・シャーフ、ジュリア・スティフ、ジョエル・ツゥーリアン。情熱をもってこのプロジェクトに取り組んでくださったテムズ＆ハドソン社に感謝している。スタッフの皆さん、特にルーカス・ディートリッヒ、レベッカ・ローク、スティーブ・ラッセル、アディリア・サバチーニ、アレックス・ライトに心より感謝の意を述べたい。

最後に、スイス建築についての知識と技術で、この本と展覧会に貢献してくれたマヤ・ブルク・フォン・グラエベニッツにお礼を言いたい。

ナタリー・ヘルシュドルファー

ナタリー・ヘルシュドルファーは、スイスのル・ロックル美術館の館長である。これまでの著書にl、Le Corbusier and the Power of PhotographyとAfterwardsがある。
フベルトゥス・アダムは、バーゼルのスイス建築博物館の館長である。
マヤ・ブルク・フォン・グラエベニッツは、チューリッヒに拠点を置く建築ライターである

写真・図版クレジット

Tonatiuh Ambrosetti 40-43, 144-145 [centre]. Iwan Baan 26-31, 216-218, 219 [top], 220-221. © Guido Baselgia 180-181, 182 [top, bottom]. Alexander Gempeler Bern, 1, 92-95. © Helene Binet 222-224. Roland Bernath 102-105. © Markus Bertschi Photography 96-99. Radek Brunecky 156-158,160-161, 212-215. Beat Buhler 168-169. Andreas Buschmann 106. Courtesy of Christian Kerez © Walter Mair 186-187; © Dario Pfanmatter 184-185. Lucia Degonda, www.luciadegonda.ch 78-81. ©Ralph Feiner Architekturfotografie 2-3, 32-37. Roger Frei, Zurich 22-25, 64-65. Eik Frenzel 74-77. Matthieu Gafsou 12-13, 44-45, 72-73, 108-109, 150-151, 188-189. © Annette Gigon / Mike Guyer, Architects, Zurich 193. Francesca Giovanelli 154, 155 [left, right]. Graber Pulver Architekten / Photography: Georg Aerni 56 [left], 57, 58 [left bottom, right top, right bottom], 59. Graber Pulver Architekten / Photography: Hannes Henz 58 [left top]. © Gramazio Kohler Architects, Bundesamt fur Bauten und Logistic BBL/Tonatiuh Ambrosetti 204, 205. © Fernando Guerra 174-179. © www.hanneshenz.ch 130-133. Michael Haug 46-49. © Herzog & De Meuron, Michael Schmidt 219 [bottom]. Ralph Hut 62-63. Thomas Jantscher 38-39, 60-61, 122-125, 152-153. Valentin Jeck 14 [left, right], 15-17, 54-55. Milo Keller 82-85, 116-121. Roman Keller, Zurich 100, 101. Ioana Marinescu 126-129. Rasmus Norlander, Stockholm & Zurich 66, 67, 159 [top]. © Archive Olgiati 110-115. © Erica Overmeer 211. Caroline Palla 170-173. © Fausto Pluchinotta 194-199. © Christian Richters 208-210. Franz Rindlisbacher 70, 71 [left, right]. Philipp Schaerer 7 [all images], 166-167. Hagen Stier 159 [bottom]. © Joel Tettamanti 8, 68-69, 146-149. Dominique Uldry 50-53. Javier Miguel Verme 138-141. © Thies Wachter 190-192. Nicola Roman Walbeck 134-137. © Ruedi Walti, Basel 18-21, 162-165, 200-203, 206-207. Dominique Marc Wehrli 86-91, 107 [top, bottom]. David Willen, Zurich 142-143, 144 [left], 145 [right]. Luca Zanier 11.Project Drawings © individual architectural practices; detail p.225 © Markli Architekt, Zurich; drawing p.288 © Arge Planetage, Zurich.